LA VERA CUCINA SPAGNOLA

2022

PRELIBATE RICETTE DELLA TRADIZIONE REGIONALE

TERESA HIERRO

SOMMARIO

POTE GALLEGO 26

    INGREDIENTI 26

    ELABORAZIONE 26

    TRUCCO 27

LENTICCHIE A LA LIONESA 28

    INGREDIENTI 28

    ELABORAZIONE 28

    TRUCCO 29

LENTICCHIE AL CURRY CON MELA 30

    INGREDIENTI 30

    ELABORAZIONE 30

    TRUCCO 31

POCHAS ALLA NAVARRA 32

    INGREDIENTI 32

    ELABORAZIONE 32

    TRUCCO 33

LENTICCHIE 34

    INGREDIENTI 34

    ELABORAZIONE 34

    TRUCCO 35

MUSAKA DI FAGIOLI CON FUNGHI 36

    INGREDIENTI 36

    ELABORAZIONE 36

    TRUCCO 37

VEGLIA POTAJE 38

    INGREDIENTI 38

    ELABORAZIONE 38

    TRUCCO 39

POCHAS CON COCKS 40

    INGREDIENTI 40

    ELABORAZIONE 40

    TRUCCO 41

COD AJOARRIERO 43

    INGREDIENTI 43

    ELABORAZIONE 43

    TRUCCO 43

COCKS DI SHERRY AL VAPORE 44

    INGREDIENTI 44

    ELABORAZIONE 44

    TRUCCO 44

TUTTO I PEBRE DI COCCODRILLO CON GAMBERI 45

    INGREDIENTI 45

    ELABORAZIONE 46

    TRUCCO 46

CUCITURA ARROSTO 47

    INGREDIENTI 47

    ELABORAZIONE 47

    TRUCCO 47

VONGOLE MARINERA 48

    INGREDIENTI 48

ELABORAZIONE 48

TRUCCO 49

MERLUZZO CON PILPIL 50

INGREDIENTI 50

ELABORAZIONE 50

TRUCCO 50

ACCIUGHE MASTELLATE ALLA BIRRA 52

INGREDIENTI 52

ELABORAZIONE 52

TRUCCO 52

CALAMARI NEL SUO NERO 53

INGREDIENTI 53

ELABORAZIONE 53

TRUCCO 53

COD CLUB RANERO 55

INGREDIENTI 55

ELABORAZIONE 55

TRUCCO 56

SUOLA CON ARANCIO 57

INGREDIENTI 57

ELABORAZIONE 57

TRUCCO 57

NASELLO DELLA RIOJANA 59

INGREDIENTI 59

ELABORAZIONE 59

TRUCCO 60

BACCALÀ CON SALSA DI FRAGOLE 61

    INGREDIENTI 61

    ELABORAZIONE 61

    TRUCCO 61

TROTA SALATATA 62

    INGREDIENTI 62

    ELABORAZIONE 62

    TRUCCO 63

CUCITURA IN STILE BILBAINE 64

    INGREDIENTI 64

    ELABORAZIONE 64

    TRUCCO 64

SCAMPI 65

    INGREDIENTI 65

    ELABORAZIONE 65

    TRUCCO 65

FRITTE DI MERLUZZO 66

    INGREDIENTI 66

    ELABORAZIONE 66

    TRUCCO 66

DURADO COD 68

    INGREDIENTI 68

    ELABORAZIONE 68

    TRUCCO 68

GRANCHIO BASCO 69

    INGREDIENTI 69

ELABORAZIONE 69

TRUCCO 70

ACCIUGHE SOTTO ACETO 71

INGREDIENTI 71

ELABORAZIONE 71

TRUCCO 71

MARCA DEL COD 72

INGREDIENTI 72

ELABORAZIONE 72

TRUCCO 72

POLVERE IN ADOBO (BIENMESABE) 73

INGREDIENTI 73

ELABORAZIONE 73

TRUCCO 74

AGRUMI E TONNO Sottaceto 75

INGREDIENTI 75

ELABORAZIONE 75

TRUCCO 76

IMPERMEABILE DI GAMBERI 77

INGREDIENTI 77

ELABORAZIONE 77

TRUCCO 77

FLAN DI TONNO AL BASILICO 78

INGREDIENTI 78

ELABORAZIONE 78

TRUCCO 78

SOLE ALLA MENIER 79

    INGREDIENTI 79

    ELABORAZIONE 79

    TRUCCO 79

LOMBATA DI SALMONE CON CAVA 80

    INGREDIENTI 80

    ELABORAZIONE 80

    TRUCCO 80

SPILLINO IN STILE BILBAÍN CON PIQUILTOS 81

    INGREDIENTI 81

    ELABORAZIONE 81

    TRUCCO 81

COZZE IN VINAIGRETTE 83

    INGREDIENTI 83

    ELABORAZIONE 83

    TRUCCO 83

MARMITAKO 84

    INGREDIENTI 84

    ELABORAZIONE 84

    TRUCCO 84

SPIGOLA AL SALE 86

    INGREDIENTI 86

    ELABORAZIONE 86

    TRUCCO 86

COZZE AL VAPORE 87

    INGREDIENTI 87

ELABORAZIONE 87

TRUCCO 87

NASELLO GALICIANO 88

INGREDIENTI 88

ELABORAZIONE 88

TRUCCO 89

NASELLO KOSKERA 90

INGREDIENTI 90

ELABORAZIONE 90

TRUCCO 91

COLTELLI CON AGLIO E LIMONE 92

INGREDIENTI 92

ELABORAZIONE 92

TRUCCO 92

PUDDING STRADALE 93

INGREDIENTI 93

ELABORAZIONE 93

TRUCCO 94

COCCOLA CON CREMA D'AGLIO MORBIDO 95

INGREDIENTI 95

ELABORAZIONE 95

TRUCCO 96

NASELLO AL SIDRO CON COMPOSTA DI MELE ALLA MENTA.... 97

INGREDIENTI 97

ELABORAZIONE 97

TRUCCO 98

SALMONE MARINATO 99

    INGREDIENTI 99

    ELABORAZIONE 99

    TRUCCO 99

TROTA CON FORMAGGIO BLU 100

    INGREDIENTI 100

    ELABORAZIONE 100

    TRUCCO 100

CRIADILLA DI AGNELLO PANATA ALLE ERBE FINE 102

    INGREDIENTI 102

    ELABORAZIONE 102

    TRUCCO 102

Scaloppina Milanese 103

    INGREDIENTI 103

    ELABORAZIONE 103

    TRUCCO 103

STUFATO DI CARNE A LA JARDINERA 104

    INGREDIENTI 104

    ELABORAZIONE 104

    TRUCCO 105

FLAMENCO 106

    INGREDIENTI 106

    ELABORAZIONE 106

    TRUCCO 106

VITELLO FRICANDO 107

    INGREDIENTI 107

ELABORAZIONE 107

TRUCCO...108

PORRIDGE CON CHORIZO E SALSICCIA 109

INGREDIENTI 109

ELABORAZIONE 109

TRUCCO...110

LACON CON CIME DI RAPA 111

INGREDIENTI 111

ELABORAZIONE 111

TRUCCO...112

FEGATO DI VITELLO IN SALSA AL VINO ROSSO...................113

INGREDIENTI 113

ELABORAZIONE 113

TRUCCO...114

Lepre in umido 115

INGREDIENTI 115

ELABORAZIONE 115

TRUCCO... 116

LOMBATA DI MAIALE CON LA PESCA...................................117

INGREDIENTI 117

ELABORAZIONE 117

TRUCCO...117

SALSA MAGRA 118

INGREDIENTI 118

ELABORAZIONE 118

TRUCCO...119

ZAMPTINI DI MAIALE IN UMIDO 120

    INGREDIENTI 120

    ELABORAZIONE 120

    TRUCCO 121

BRICIOLE 122

    INGREDIENTI 122

    ELABORAZIONE 122

    TRUCCO 122

LOMBATA DI MAIALE RIPIENA 123

    INGREDIENTI 123

    ELABORAZIONE 123

    TRUCCO 124

VITELLO CARBONARA 125

    INGREDIENTI 125

    ELABORAZIONE 125

    TRUCCO 126

PANE D'AGNELLO CON I PORCINI 127

    INGREDIENTI 127

    ELABORAZIONE 127

    TRUCCO 128

OSSOBUCO DI VITELLO ALL'ARANCIA 129

    INGREDIENTI 129

    ELABORAZIONE 129

    TRUCCO 130

SALSICCIA AL VINO 131

    INGREDIENTI 131

ELABORAZIONE 131

TRUCCO 131

TORTA DI CARNE INGLESE 133

INGREDIENTI 133

ELABORAZIONE 133

TRUCCO 134

TATAKI DI TONNO MARINATO ALLA SOIA 135

INGREDIENTI 135

ELABORAZIONE 135

TRUCCO 136

TORTA AL NASELLO 137

INGREDIENTI 137

ELABORAZIONE 137

TRUCCO 137

PEPERONI RIPIENI CON COD 138

INGREDIENTI 138

ELABORAZIONE 138

TRUCCO 139

RAGGI 140

INGREDIENTI 140

ELABORAZIONE 140

TRUCCO 140

SOLDATI DI PAVIA 141

INGREDIENTI 141

ELABORAZIONE 141

TRUCCO 142

FRITTE DI GAMBERI 143

    INGREDIENTI 143

    ELABORAZIONE 143

    TRUCCO 143

TROTA IN NAVARRA 145

    INGREDIENTI 145

    ELABORAZIONE 145

    TRUCCO 145

TARTARA DI SALMONE CON AVOCADO 146

    INGREDIENTI 146

    ELABORAZIONE 146

    TRUCCO 146

Capesante galiziano 148

    INGREDIENTI 148

    ELABORAZIONE 148

    TRUCCO 148

POLLO IN SALSA CON FUNGHI 150

    INGREDIENTI 150

    ELABORAZIONE 150

    TRUCCO 151

POLLO SOTTACETO AL SIDRO 152

    INGREDIENTI 152

    ELABORAZIONE 152

    TRUCCO 152

SPEZZATINO DI POLLO CON NUSCALES 153

    INGREDIENTI 153

ELABORAZIONE 153

TRUCCO 154

FILETTO DI POLLO MADRILEÑA 155

INGREDIENTI 155

ELABORAZIONE 155

TRUCCO 155

FRICANDÓ DI POLLO CON FUNGHI SHIITAKE 156

INGREDIENTI 156

ELABORAZIONE 156

TRUCCO 157

PERE DI CIOCCOLATO AL PEPE 158

INGREDIENTI 158

ELABORAZIONE 158

TRUCCO 158

TORTA AI TRE CIOCCOLATI CON BISCOTTO 159

INGREDIENTI 159

ELABORAZIONE 159

TRUCCO 160

MERINGA SVIZZERA 161

INGREDIENTI 161

ELABORAZIONE 161

TRUCCO 161

CREPE DI CREMA DI NOCCIOLA CON BANANA 162

INGREDIENTI 162

ELABORAZIONE 162

TRUCCO 163

TORTA AL LIMONE CON BASE AL CIOCCOLATO 164

    INGREDIENTI 164

    ELABORAZIONE 164

    TRUCCO 165

TIRAMISÙ 166

    INGREDIENTI 166

    ELABORAZIONE 166

    TRUCCO 167

INTXAURSALSA (CREMA DI NOCI) 168

    INGREDIENTI 168

    ELABORAZIONE 168

    TRUCCO 168

LATTE MERENGUATO 169

    INGREDIENTI 169

    ELABORAZIONE 169

    TRUCCO 169

LINGUE DI GATTO 170

    INGREDIENTI 170

    ELABORAZIONE 170

    TRUCCO 170

BISCOTTI ALL'ARANCIA 171

    INGREDIENTI 171

    ELABORAZIONE 171

    TRUCCO 171

MELE ARROSTITE CON PORTO 172

    INGREDIENTI 172

ELABORAZIONE 172

TRUCCO 172

MERINGA COTTA 173

INGREDIENTI 173

ELABORAZIONE 173

TRUCCO 173

CREMA PASTICCIERA 174

INGREDIENTI 174

ELABORAZIONE 174

TRUCCO 174

CARAMELLE VIOLA PANNA COTTA 175

INGREDIENTI 175

ELABORAZIONE 175

TRUCCO 175

BISCOTTI DEGLI AGRUMI 176

INGREDIENTI 176

ELABORAZIONE 176

TRUCCO 177

PASTE MANGA 178

INGREDIENTI 178

ELABORAZIONE 178

TRUCCO 178

TORTA ALLO YOGURT 179

INGREDIENTI 179

ELABORAZIONE 179

TRUCCO 179

COMPOSTA DI BANANA DI ROSMARINO 180

    INGREDIENTI 180

    ELABORAZIONE 180

    TRUCCO 180

CREME BRULEE 181

    INGREDIENTI 181

    ELABORAZIONE 181

    TRUCCO 181

BRACCIO DI ZINGARA FARCITO CON CREMA 182

    INGREDIENTI 182

    ELABORAZIONE 182

    TRUCCO 182

FLAN ALL'UOVO 183

    INGREDIENTI 183

    ELABORAZIONE 183

    TRUCCO 183

GELATINA DI CAVA CON FRAGOLE 184

    INGREDIENTI 184

    ELABORAZIONE 184

    TRUCCO 184

FRITTE 185

    INGREDIENTI 185

    ELABORAZIONE 185

    TRUCCO 185

COCA DI SAN GIOVANNI 186

    INGREDIENTI 186

    ELABORAZIONE 186

RAGÙ ALLA BOLOGNESE 187

    INGREDIENTI 187

    ELABORAZIONE 187

    TRUCCO 188

BRODO BIANCO (POLLO O VITELLO) 189

    INGREDIENTI 189

    ELABORAZIONE 189

    TRUCCO 189

CONCASSE DI POMODORO 191

    INGREDIENTI 191

    ELABORAZIONE 191

    TRUCCO 191

SALSA ROBERTO 193

    INGREDIENTI 193

    ELABORAZIONE 193

    TRUCCO 193

SALSA ROSA 194

    INGREDIENTI 194

    ELABORAZIONE 194

    TRUCCO 194

BORSA DI PESCE 195

    INGREDIENTI 195

    ELABORAZIONE 195

    TRUCCO 195

SALSA TEDESCA 196

INGREDIENTI 196

ELABORAZIONE 196

TRUCCO 196

SALSA CORAGGIOSA 197

INGREDIENTI 197

ELABORAZIONE 197

TRUCCO 198

BRODO FONDENTE (POLLO O MANZO) 199

INGREDIENTI 199

ELABORAZIONE 199

TRUCCO 200

PICON MOJO 201

INGREDIENTI 201

ELABORAZIONE 201

TRUCCO 201

PESTO ALLA GENOVESE 202

INGREDIENTI 202

ELABORAZIONE 202

TRUCCO 202

SALSA AGRODOLCE 203

INGREDIENTI 203

ELABORAZIONE 203

TRUCCO 203

MOJITO VERDE 204

INGREDIENTI 204

ELABORAZIONE 204

TRUCCO 204

SALSA DI BESAMMELLA 205

INGREDIENTI 205

ELABORAZIONE 205

TRUCCO 205

SALSA DEL CACCIATORE.. 206

INGREDIENTI 206

ELABORAZIONE 206

TRUCCO 206

SALSA AIOLI 207

INGREDIENTI 207

ELABORAZIONE 207

TRUCCO 207

SALSA AMERICANA 208

INGREDIENTI 208

ELABORAZIONE 208

TRUCCO 209

SALSA ALL'ALBA 210

INGREDIENTI 210

ELABORAZIONE 210

TRUCCO 210

SALSA BARBECUE 211

INGREDIENTI 211

ELABORAZIONE 211

TRUCCO 212

SALSA BERNESE.. 213

INGREDIENTI 213

ELABORAZIONE 213

TRUCCO...213

SALSA CARBONARA 215

INGREDIENTI 215

ELABORAZIONE 215

TRUCCO...215

SALSA CHARCUTERA 216

INGREDIENTI 216

ELABORAZIONE 216

TRUCCO... 216

POTE GALLEGO

INGREDIENTI

250 g di fagioli bianchi

500 g di cime di rapa pulite

500 g di morcillo

100 g di prosciutto

100 g di olio

1 osso della colonna vertebrale

3 patate

1 salsiccia

1 budino nero

Sale

ELABORAZIONE

Mettere i fagioli a bagno in acqua fredda 12 ore prima.

In una pentola mettete tutti gli ingredienti, tranne le patate e le cime di rapa, e cuoceteli in 2 litri di acqua fredda non salata a fuoco basso.

In un'altra padella cuocete le cime di rapa in acqua bollente salata per 15 min.

Quando i fagioli saranno quasi pronti, aggiungete le patate cachelada e regolate di sale. Lancia i grelos. Lasciare qualche secondo sul fuoco e portare in tavola con le carni porzionate.

Tagliare la cottura 3 volte con acqua fredda o ghiaccio durante la preparazione, in modo che i fagioli escano più teneri e non perdano la pelle.

LENTICCHIE A LA LIONESA

INGREDIENTI

500 g di lenticchie

700 g di cipolla

200 g di burro

1 rametto di prezzemolo

1 rametto di timo

1 foglia di alloro

1 cipolla piccola

1 carota

6 chiodi di garofano

Sale

ELABORAZIONE

Soffriggere la cipolla tagliata a julienne nel burro a fuoco basso. Coprite e cuocete fino a leggera doratura.

Aggiungere le lenticchie, i chiodi di garofano incastrati nella cipolla piccola intera, la carota tritata e le erbe aromatiche. Coprire con acqua fredda.

Scolare e cuocere a fuoco basso fino a quando il legume non sarà tenero. Regolare di sale.

È importante iniziare con una cottura a fuoco alto per passare a quella media, così eviteremo che si attacchino.

LENTICCHIE AL CURRY CON MELA

300 g di lenticchie

8 cucchiai di panna

1 cucchiaio di curry

1 mela d'oro

1 rametto di timo

1 rametto di prezzemolo

1 foglia di alloro

2 cipolle

1 spicchio d'aglio

3 chiodi di garofano

4 cucchiai di olio

Sale e pepe

Cuocere le lenticchie in acqua fredda per 1 ora insieme a 1 cipolla, aglio, alloro, timo, prezzemolo, chiodi di garofano, sale e pepe.

A parte, fate soffriggere nell'olio l'altra cipolla con la mela. Aggiungere il curry e mescolare.

Aggiungere le lenticchie nella casseruola di mele e cuocere altri 5 minuti. Unite la panna e mescolate con cura.

Se ci sono delle lenticchie avanzate, possono essere trasformate in una crema e accompagnate da alcuni gamberi saltati.

POCHAS ALLA NAVARRA

400 g di fagioli

1 cucchiaio di paprika

5 spicchi d'aglio

1 peperone verde italiano

1 peperone rosso

1 porro pulito

1 carota

1 cipolla

1 pomodoro grande

Olio d'oliva

Sale

ELABORAZIONE

Pulite bene i fagioli. Coprirli con acqua in una pentola insieme ai peperoni, cipolla, porro, pomodoro e carota. Cuocere circa 35 min.

Togliere le verdure e tritarle. Quindi aggiungerli di nuovo allo stufato.

Tritate finemente l'aglio e fatelo rosolare in poco olio. Togliere dal fuoco e aggiungere la paprika. Rehome 5 è incorporato nei fagioli bianchi. Regolare di sale.

TRUCCO

Trattandosi di legumi freschi, il tempo di cottura è molto più breve.

LENTICCHIE

INGREDIENTI

500 g di lenticchie

1 cucchiaio di paprika

1 carota grande

1 cipolla media

1 peperone grande

2 spicchi d'aglio

1 patata grande

1 punta di prosciutto

1 salsiccia

1 budino nero

Bacon

1 foglia di alloro

Sale

ELABORAZIONE

Soffriggere le verdure tritate finemente fino a renderle leggermente morbide. Unite la paprika e aggiungete 1 litro e mezzo di acqua (potete sostituire il brodo vegetale o anche il brodo di carne). Aggiungere le lenticchie, la carne, la punta del prosciutto e la foglia di alloro.

Togliere e conservare il chorizo e il sanguinaccio quando sono morbidi in modo che non si rompano. Continuate la cottura delle lenticchie finché non saranno pronte.

Aggiungere la patata tagliata a dadini e cuocere per altri 5 minuti. Metti un pizzico di sale.

TRUCCO

Per dargli un tocco diverso, aggiungi 1 stecca di cannella alle lenticchie durante la cottura.

MUSAKA DI FAGIOLI CON FUNGHI

INGREDIENTI

250 g di fagioli rossi cotti

500 g di salsa di pomodoro fatta in casa

200 g di funghi

100 g di formaggio grattugiato

½ bicchiere di vino rosso

2 melanzane

2 spicchi d'aglio

1 cipolla grande

½ peperone verde

½ peperone giallo

¼ di peperone rosso

1 foglia di alloro

Latte

Origano

Olio d'oliva

Sale e pepe

ELABORAZIONE

Tagliare le melanzane a fettine e passarle nel latte con il sale in modo che perdano l'amarezza.

A parte, tritate la cipolla, l'aglio e i peperoni e fateli rosolare in una padella. Aggiungere i funghi e continuare a rosolare. Aggiungere il vino e farlo sfumare a fuoco vivace. Aggiungere la salsa di pomodoro, l'origano e la foglia di alloro. Cuocere per 15 min. Togliere dal fuoco e aggiungere i fagioli. Stagione.

Nel frattempo scolate e asciugate bene le fette di melanzana e friggetele in poco olio da entrambi i lati.

Mettere strati di fagioli e melanzane in una teglia fino a quando gli ingredienti non saranno spariti. Terminate con uno strato di melanzane. Spolverizzate con formaggio grattugiato e gratinate.

TRUCCO

Questa ricetta è squisita con le lenticchie o con qualsiasi legume avanzato da altre preparazioni.

VEGLIA POTAJE

INGREDIENTI

1 kg di ceci

1 kg di merluzzo

500 g di spinaci

50 g di mandorle

3 l di scorta

2 cucchiai di salsa di pomodoro

1 cucchiaio di paprika

3 fette di pane fritto

2 spicchi d'aglio

1 peperone verde

1 cipolla

1 foglia di alloro

Olio d'oliva

Sale

ELABORAZIONE

Lasciate in ammollo i ceci per 24 ore.

Rosolare in una casseruola a fuoco medio la cipolla, l'aglio e il peperone tagliati a cubetti. Aggiungere la paprika, l'alloro, la salsa di pomodoro e coprire con il brodo di pesce. Quando inizia a bollire, aggiungere i ceci. Quando saranno quasi teneri, aggiungete il merluzzo e gli spinaci.

Nel frattempo, schiacciate le mandorle con il pane fritto. Frullare e aggiungere allo stufato. Cuocere altri 5 minuti e regolare di sale.

TRUCCO

I ceci vanno aggiunti nella pentola con l'acqua bollente, altrimenti risulteranno duri e perderanno la pelle molto facilmente.

POCHAS CON COCKS

INGREDIENTI

400 g di fagioli

500 g di vongole

½ bicchiere di vino bianco

4 spicchi d'aglio

1 peperone verde piccolo

1 pomodoro piccolo

1 cipolla

1 porro

1 Caienna

prezzemolo fresco tritato

Olio d'oliva

ELABORAZIONE

In una pentola mettete i fagioli, il peperone, ½ cipolla, il porro mondato, 1 spicchio d'aglio e il pomodoro. Coprire con acqua fredda e cuocere per circa 35 minuti fino a quando le verdure non saranno tenere.

A parte, fate rosolare l'altra metà della cipolla, il pepe di Caienna e gli spicchi d'aglio rimasti tagliati molto piccoli a fuoco vivo. Aggiungere le vongole e bagnare con il vino.

Unite le vongole con la loro salsa ai fagioli bianchi, aggiungete il prezzemolo e fate cuocere per altri 2 minuti. Regolare di sale.

Immergere le vongole in acqua fredda salata per 2 ore in modo che rilascino tutto il terriccio che possono avere.

COD AJOARRIERO

INGREDIENTI

400 g di baccalà dissalato sbriciolato

2 cucchiai di peperoncino chorizo idratato

2 cucchiai di salsa di pomodoro

1 peperone verde

1 peperone rosso

1 spicchio d'aglio

1 cipolla

1 peperoncino

Olio d'oliva

Sale

ELABORAZIONE

Tagliare le verdure a julienne e farle appassire a fuoco medio-basso fino a quando saranno molto morbide. Salare.

Aggiungere i cucchiai di peperoncino, la salsa di pomodoro e il peperoncino. Aggiungere il merluzzo sbriciolato e cuocere 2 min.

TRUCCO

È il ripieno perfetto per preparare una deliziosa empanada.

COCKS DI SHERRY AL VAPORE

INGREDIENTI

750 g di vongole

600 ml di vino sherry

1 foglia di alloro

1 spicchio d'aglio

1 limone

2 cucchiai di olio d'oliva

Sale

ELABORAZIONE

Pulisci le vongole.

In una padella ben calda mettete 2 cucchiai di olio e fate rosolare leggermente l'aglio tritato.

Aggiungere le vongole, il vino, l'alloro, il limone e il sale tutto in una volta. Coprire e cuocere fino a quando non si aprono.

Servite le vongole con la loro salsa.

TRUCCO

Spurgare significa immergere i bivalvi in acqua fredda con abbondante sale per espellere eventuale sabbia e impurità.

TUTTO I PEBRE DI COCCODRILLO CON GAMBERI

Per il brodo di pesce

15 teste e corpi di gamberetti

1 testa o 2 lische di coda di rana pescatrice o pesce bianco

Ketchup

1 cipollotto

1 porro

Sale

per lo stufato

1 coda di rana pescatrice grande (o 2 piccole)

corpi di gamberetti

1 cucchiaio di paprika dolce

8 spicchi d'aglio

4 patate grandi

3 fette di pane

1 Caienna

mandorle non pelate

Olio d'oliva

Sale e pepe

Per il brodo di pesce

Fare un brodo di pesce friggendo i corpi dei gamberi e la salsa di pomodoro. Aggiungere le lische di coda di rospo o la testa e le verdure tagliate a julienne. Coprire con acqua e cuocere per 20 minuti, scolare e aggiustare di sale.

per lo stufato

Rosolare l'aglio non tagliato in una padella. Rimuovere e prenotare. Soffriggere le mandorle nello stesso olio. Rimuovere e prenotare.

Rosolare il pane nello stesso olio. Ritirare.

Pestare nel mortaio l'aglio, una manciata di mandorle intere non sbucciate, le fette di pane e il pepe di Caienna.

Soffriggere leggermente la paprika nell'olio fatto rosolare l'aglio, facendo attenzione a non farlo bruciare, e aggiungerla al brodo.

Aggiungere le patate al forno e cuocere finché sono tenere. Aggiungere la coda di rospo condita e cuocere per 3 min. Aggiungere il purè e i gamberi e cuocere per altri 2 minuti fino a quando la salsa non si addensa. Aggiustate di sale e servite caldo.

Usa solo abbastanza fumo per coprire le patate. Il pesce più utilizzato per questa ricetta è l'anguilla, ma può essere fatto con qualsiasi pesce carnoso come il palombo o il grongo.

CUCITURA ARROSTO

INGREDIENTI

1 orata pulita, sventrata e disincrostata

25 g di pangrattato

2 spicchi d'aglio

1 peperoncino

Aceto

Olio d'oliva

Sale

ELABORAZIONE

Salare e spennellare l'orata con olio dentro e fuori. Cospargete la superficie con il pangrattato e infornate a 180°C per 25 min.

Nel frattempo, fate rosolare l'aglio sfilettato e il peperoncino a fuoco medio. Spegnete il fuoco con una spruzzata di aceto e condite l'orata con questa salsa.

TRUCCO

Lo scalpello sta facendo incisioni su tutta la larghezza del pesce in modo che cuocia più velocemente.

VONGOLE MARINERA

INGREDIENTI

1 kg di vongole

1 bicchierino di vino bianco

1 cucchiaio di farina

2 spicchi d'aglio

1 pomodoro piccolo

1 cipolla

½ peperoncino

colorante alimentare o zafferano (facoltativo)

Olio d'oliva

Sale

ELABORAZIONE

Immergete le vongole per un paio d'ore in acqua fredda e abbondantemente salata per espellere eventuali resti di terra.

Una volta pulite, cuocete le vongole nel vino e in ¼ l di acqua. Non appena si aprono, togliere e conservare il liquido.

Tagliate a pezzetti la cipolla, l'aglio e il pomodoro e fateli soffriggere in poco olio. Aggiungere il peperoncino e cuocere fino a quando tutto sarà ben rosolato.

Aggiungere il cucchiaio di farina e cuocere altri 2 minuti. Bagnare con l'acqua di cottura delle vongole. Cuocere 10 min e aggiustare di sale.

Aggiungere le vongole e cuocere per un altro minuto. Ora aggiungi il colorante o lo zafferano.

49

TRUCCO

Il vino bianco può essere sostituito con uno dolce. La salsa è molto buona.

MERLUZZO CON PILPIL

INGREDIENTI

4 o 5 filetti di merluzzo dissalato

4 spicchi d'aglio

1 peperoncino

½ litro di olio d'oliva

ELABORAZIONE

Rosolare l'aglio e il peperoncino nell'olio d'oliva a fuoco basso. Scolatele e lasciate che l'olio perda leggermente la temperatura.

Aggiungere i filetti di merluzzo con la pelle rivolta verso l'alto e cuocere per 1 minuto a fuoco basso. Girati e lascia per altri 3 minuti. È importante che sia cotto nell'olio, non che sia fritto.

Togliere il merluzzo, decantare gradualmente l'olio fino a quando rimane solo la sostanza bianca (la gelatina) rilasciata dal merluzzo.

Togliere dal fuoco e, con l'aiuto di un colino, sbattere con alcune bacchette o con movimenti circolari, incorporando gradualmente l'olio decantato. Montare il pilpil per 10 minuti senza smettere di mescolare.

A cottura ultimata rimettete dentro il merluzzo e mantecate per un altro minuto.

TRUCCO

Per dargli un tocco diverso, mettete un osso di prosciutto o delle erbe aromatiche nell'olio dove andrete a cuocere il baccalà.

ACCIUGHE MASTELLATE ALLA BIRRA

INGREDIENTI

Pulite le acciughe senza spine

1 lattina di birra molto fredda

Farina

Olio d'oliva

Sale

ELABORAZIONE

Mettere la birra in una ciotola e aggiungere la farina, sbattendo continuamente con una frusta, fino ad ottenere una consistenza densa che appena si ammolla l'acciuga.

Friggere alla fine in abbondante olio e sale.

TRUCCO

È possibile utilizzare qualsiasi tipo di birra. Con il nero esce spettacolare.

CALAMARI NEL SUO NERO

INGREDIENTI

1 ½ kg di calamaretti

1 bicchiere di vino bianco

3 cucchiai di salsa di pomodoro

4 bustine di nero di seppia

2 cipolle

1 peperone rosso

1 peperone verde

1 foglia di alloro

Olio d'oliva

Sale e pepe

ELABORAZIONE

Rosolare a fuoco basso cipolle e peperoni tritati finemente. Quando saranno rosolate, aggiungete i calamaretti puliti e tritati. Alzate la fiamma e condite.

Bagnate con il vino bianco e fate sfumare. Aggiungere la salsa di pomodoro, le bustine di nero di seppia e la foglia di alloro. Coprire e cuocere a fuoco basso fino a quando i calamari non saranno morbidi.

TRUCCO

Si possono servire con una buona pasta o anche con delle patatine.

COD CLUB RANERO

INGREDIENTI

Merluzzo con pil-pil

10 pomodori a grappolo maturi

4 peperoni chorizo

2 peperoni verdi

2 peperoni rossi

2 cipolle

zucchero

Sale

ELABORAZIONE

Arrostire i pomodori e i peperoni fino a renderli morbidi a 180ºC.

Una volta arrostiti i peperoni, copriteli per 30 minuti, privateli della pelle e tagliateli a listarelle.

Mondate e affettate finemente i pomodori. Lessatele insieme alle cipolle tagliate a striscioline e alla polpa dei peperoni chorizo (precedentemente idratati in acqua calda per 30 min).

Aggiungere i peperoni arrostiti tagliati a listarelle e cuocere per 5 min. Regolare di sale e zucchero.

Scaldare il pilpil insieme al merluzzo e ai peperoni.

Puoi mettere il pilpil con i peperoni o metterli come base, sopra il merluzzo e la salsa con il pilpil. Si può fare anche con una buona ratatouille.

SUOLA CON ARANCIO

INGREDIENTI

4 suole

110 g di burro

110 ml di brodo

1 cucchiaio di prezzemolo fresco tritato

1 cucchiaino di paprika

2 arance grandi

1 limone piccolo

Farina

Sale e pepe

ELABORAZIONE

Sciogliere il burro in una padella. Infarinare e condire le sogliole. Rosolatele nel burro da entrambi i lati. Aggiungere la paprika, il succo di arancia e limone e il fumo.

Cuocere per 2 minuti a fuoco medio finché la salsa non si addensa leggermente. Guarnire con prezzemolo e servire subito.

TRUCCO

Per ottenere più succo dagli agrumi, scaldali nel microonde per 10 s alla massima potenza.

NASELLO DELLA RIOJANA

INGREDIENTI

4 lombi di nasello

100 ml di vino bianco

2 pomodori

1 peperone rosso

1 peperone verde

1 spicchio d'aglio

1 cipolla

zucchero

Olio d'oliva

Sale e pepe

ELABORAZIONE

Tritare finemente la cipolla, i peperoni e l'aglio. Rosolare il tutto in una padella a fuoco medio per 20 min. Alzate la fiamma, bagnate con il vino e lasciate ridurre fino a quando non sarà asciutto.

Unite i pomodorini grattugiati e fate cuocere finché non perdono tutta la loro acqua. Regolare di sale, pepe e zucchero se è acido.

Rosolare i lombi su una piastra fino a quando non saranno dorati fuori e succosi dentro. Accompagnare con le verdure.

Salare il nasello 15 minuti prima della cottura in modo che il sale sia distribuito più uniformemente.

BACCALÀ CON SALSA DI FRAGOLE

INGREDIENTI

4 filetti di merluzzo dissalato

400 g di zucchero di canna

200 g di fragole

2 spicchi d'aglio

1 arancia

Farina

Olio d'oliva

ELABORAZIONE

Frullare le fragole insieme al succo d'arancia e allo zucchero. Cuocere 10 min e mescolare.

Tritate l'aglio e fatelo rosolare in una padella con un filo d'olio. Rimuovere e prenotare. Friggere il merluzzo infarinato nello stesso olio.

Servire il merluzzo con la salsa in una ciotola separata e adagiare sopra l'aglio.

TRUCCO

Le fragole possono essere sostituite con la marmellata di arance amare. Quindi, dovrai usare solo 100 g di zucchero di canna.

TROTA SALATATA

INGREDIENTI

4 trote

½ litro di vino bianco

¼ litro di aceto

1 cipolla piccola

1 carota grande

2 spicchi d'aglio

4 chiodi di garofano

2 foglie di alloro

1 rametto di timo

Farina

¼ litro di olio d'oliva

Sale

ELABORAZIONE

Salare e infarinare la trota. Friggere 2 minuti per lato nell'olio (dovrebbero essere crudi all'interno). Rimuovere e prenotare.

Cuocere le verdure tagliate a julienne nello stesso grasso per 10 min.

Bagnare con aceto e vino. Condite con un pizzico di sale, erbe aromatiche e spezie. Cuocere a fuoco basso altri 10 min.

Aggiungere la trota, coprire e cuocere per altri 5 minuti. Lasciate riposare fuori dal fuoco e servite quando sarà fredda.

Questa ricetta va consumata durante la notte. Il resto gli dà più sapore.
Approfitta degli avanzi per preparare una deliziosa insalata di trote
sottaceto.

CUCITURA IN STILE BILBAINE

INGREDIENTI

1 orata da 2 kg

½ litro di vino bianco

2 cucchiai di aceto

6 spicchi d'aglio

1 peperoncino

2 dl di olio d'oliva

Sale

ELABORAZIONE

Scalpellare l'orata, salarla, unire un filo d'olio e infornare a 200ºC per 20 o 25 minuti. Bagnare a poco a poco con il vino.

Nel frattempo fate rosolare l'aglio affettato insieme al peperoncino in 2 dl di olio. Bagnare con l'aceto e versare sopra l'orata.

TRUCCO

Scalpello significa praticare delle incisioni nel pesce per facilitarne la cottura.

SCAMPI

250 g di gamberi

3 spicchi d'aglio sfilettati

1 limone

1 peperoncino

10 cucchiai di olio d'oliva

Sale

ELABORAZIONE

Mettere i gamberi sgusciati in una ciotola, salare abbondantemente e aggiungere il succo di limone. Rimuovere.

Rosolare in una padella l'aglio sfilettato e il peperoncino. Prima che prendano colore, aggiungete i gamberi e fateli rosolare per 1 minuto.

TRUCCO

Per più sapore, macerare i gamberi con sale e limone per 15 minuti prima di friggerli.

FRITTE DI MERLUZZO

INGREDIENTI

100 g di merluzzo dissalato in briciole

100 g di cipollotto

1 cucchiaio di prezzemolo fresco

1 bottiglia di birra fredda

Colorante

Farina

Olio d'oliva

Sale e pepe

ELABORAZIONE

In una ciotola mettete il merluzzo, il cipollotto e il prezzemolo tritati finemente, la birra, un po' di colorante, sale e pepe.

Impastare e incorporare un cucchiaio alla volta di farina, sempre mescolando, fino ad ottenere un impasto con una consistenza simile a quella di una polenta leggermente densa (non gocciolante). Lasciar riposare al freddo per 20 min.

Friggere in abbondante olio, versando a cucchiaiate l'impasto. Quando saranno dorate, toglietele e adagiatele su carta assorbente.

TRUCCO

Se la birra non è disponibile, può essere fatta con la soda.

DURADO COD

INGREDIENTI

400 g di merluzzo dissalato e sbriciolato

6 uova

4 patate medie

1 cipolla

Prezzemolo fresco

Olio d'oliva

Sale

ELABORAZIONE

Sbucciare e tagliare le patate a paglia. Lavateli bene finché l'acqua non sarà limpida e poi friggeteli in abbondante olio bollente. Aggiustate di sale.

Lessate la cipolla tagliata a julienne. Alzate la fiamma, aggiungete il baccalà sbriciolato e fate cuocere finché non esaurisce il liquido.

In una ciotola a parte sbattere le uova, aggiungere il merluzzo, le patate e la cipolla. Cuocere leggermente in padella. Aggiustate di sale e terminate con prezzemolo fresco tritato.

TRUCCO

Deve essere leggermente cagliato per renderlo succoso. Le patate non vengono salate fino alla fine per non perdere la loro croccantezza.

GRANCHIO BASCO

1 granchio

500 g di pomodori

75 g di prosciutto serrano

50 g di mollica fresca (o pangrattato)

25 g di burro

1½ bicchiere di brandy

1 cucchiaio di prezzemolo

1/8 di cipolla

½ spicchio d'aglio

Sale e pepe

ELABORAZIONE

Cuocete la granceola (1 minuto ogni 100 g) in 2 litri di acqua con 140 g di sale. Raffreddare e togliere la carne.

Lessate la cipolla e l'aglio tagliati a pezzetti insieme al prosciutto tagliato a julienne fini. Aggiungere i pomodori grattugiati e il prezzemolo tritato, e cuocere fino ad ottenere una pasta asciutta.

Aggiungere la polpa di granceola, coprire con il brandy e flambé. Aggiungere metà della mollica fuori dal fuoco e farcire la granceola.

Cospargete il resto della mollica e spalmateci sopra il burro tagliato a pezzetti. Cuocere in forno fino a doratura in superficie.

Può anche essere preparato con un buon chorizo iberico e persino farcito con formaggio affumicato.

ACCIUGHE SOTTO ACETO

INGREDIENTI

12 acciughe

300 cl di aceto di vino

1 spicchio d'aglio

Prezzemolo tritato

olio extravergine d'oliva

1 cucchiaino di sale

ELABORAZIONE

Adagiate su un piatto piano le acciughe pulite insieme all'aceto diluito in acqua e sale. Riservare in frigorifero per 5 ore.

Nel frattempo fate macerare nell'olio l'aglio e il prezzemolo tritati finemente.

Togliere le acciughe dall'aceto e coprirle con l'olio e l'aglio. Riponete in frigo per altre 2 ore.

TRUCCO

Lavate ripetutamente le acciughe fino a quando l'acqua non sarà limpida.

MARCA DEL COD

¾ kg merluzzo dissalato

1 dl di latte

2 spicchi d'aglio

3 dl di olio d'oliva

Sale

ELABORAZIONE

Scaldare l'olio con l'aglio in una piccola casseruola a fuoco medio per 5 min. Aggiungere il merluzzo e cuocere a fuoco molto basso per altri 5 minuti.

Scaldare il latte e metterlo in un bicchiere da frullatore. Aggiungere il merluzzo senza pelle e l'aglio. Sbattere fino ad ottenere un impasto finissimo.

Aggiungere l'olio senza smettere di sbattere fino ad ottenere un impasto consistente. Aggiustate di sale e gratinate in forno alla massima potenza.

TRUCCO

Può essere consumato su crostini di pane e condito con un po' di aioli.

POLVERE IN ADOBO (BIENMESABE)

500 g di pescecane

1 bicchiere di aceto

1 cucchiaio raso di cumino macinato

1 cucchiaio raso di paprika dolce

1 cucchiaio raso di origano

4 foglie di alloro

5 spicchi d'aglio

Farina

Olio d'oliva

Sale

ELABORAZIONE

Metti lo spinarolo precedentemente tagliato a cubetti e puliscilo in un contenitore profondo.

Aggiungere una buona manciata di sale ei cucchiaini di paprika, cumino e origano.

Schiacciare l'aglio con la pelle e aggiungerlo al contenitore. Spezzettate le foglie di alloro e aggiungete anche quelle. Infine aggiungete il bicchiere di aceto e un altro bicchiere d'acqua. Lascia riposare una notte.

Asciugare i pezzi di palombo, infarinarli e friggerli.

TRUCCO

Se il cumino è macinato fresco, aggiungi solo ¼ del cucchiaio raso. Può essere fatto con altri pesci come la coda di rospo o la coda di rospo.

AGRUMI E TONNO Sottaceto

INGREDIENTI

800 g di tonno (o palamita fresca)

70 ml di aceto

140 ml di vino

1 carota

1 porro

1 spicchio d'aglio

1 arancia

½ limone

1 foglia di alloro

70 ml di olio

Sale e grani di pepe

ELABORAZIONE

Tagliate la carota, il porro e l'aglio a bastoncini e fateli rosolare in poco olio. Quando le verdure saranno morbide, bagnatele con l'aceto e il vino.

Aggiungere la foglia di alloro e il pepe. Aggiustate di sale e cuocete altri 10 min. Aggiungere la scorza e il succo degli agrumi e il tonno tagliato in 4 pezzi. Cuocere altri 2 minuti e lasciar riposare coperto dal fuoco.

Segui gli stessi passaggi per preparare una deliziosa marinata di pollo. È solo necessario rosolare il pollo prima di aggiungerlo alla casseruola marinata e cuocere per altri 15 minuti.

IMPERMEABILE DI GAMBERI

INGREDIENTI

500 g di gamberi

100 g di farina

½ dl di birra fredda

Colorante

Olio d'oliva

Sale

ELABORAZIONE

Sbucciate i gamberi senza togliere la coda.

In una ciotola mescolate la farina, un po' di colorante alimentare e il sale. Incorporate poco alla volta e senza smettere di sbattere la birra.

Prendete i gamberi per la coda, passateli nell'impasto precedente e friggeteli in abbondante olio. Scolatele quando saranno ben dorate e conservatele su carta assorbente.

TRUCCO

Puoi aggiungere 1 cucchiaino di curry o paprika alla farina.

FLAN DI TONNO AL BASILICO

INGREDIENTI

125 g di tonno in scatola sott'olio

½ litro di latte

4 uova

1 fetta di pane a fette

1 cucchiaio di parmigiano grattugiato

4 foglie di basilico fresco

Farina

Olio d'oliva

Sale e pepe

ELABORAZIONE

Frullare il tonno con il latte, le uova, il pane a fette, il parmigiano e il basilico. Metti sale e pepe.

Introdurre l'impasto negli stampini individuali precedentemente unti e infarinati e cuocere a bagnomaria a 170 ºC per 30 min.

TRUCCO

Potete preparare questa ricetta anche con le cozze in scatola o le sardine.

SOLE ALLA MENIER

INGREDIENTI

6 suole

250 g di burro

50 g di succo di limone

2 cucchiai di prezzemolo tritato finemente

Farina

Sale e pepe

ELABORAZIONE

Condite e infarinate le sogliole, pulite da teste e pellicine. Friggetele nel burro fuso da entrambi i lati a fuoco medio, facendo attenzione a non bruciare la farina.

Togliere il pesce e aggiungere nella padella il succo di limone e il prezzemolo. Cuocere 3 min senza smettere di mescolare. Impiattate il pesce accompagnato con la salsa.

TRUCCO

Aggiungere qualche cappero per dare un tocco goloso alla ricetta.

LOMBATA DI SALMONE CON CAVA

INGREDIENTI

2 filetti di salmone

½ litro di cava

100 ml di crema

1 carota

1 porro

Olio d'oliva

Sale e pepe

ELABORAZIONE

Condire e rosolare il salmone da entrambi i lati. Riserva.

Tagliare la carota e il porro a bastoncini allungati sottili. Soffriggere le verdure per 2 min nello stesso olio in cui è stato preparato il salmone. Bagnate con il cava e fate ridurre della metà.

Aggiungere la panna, cuocere per 5 min e aggiungere il salmone. Cuocere altri 3 minuti e regolare di sale e pepe.

TRUCCO

Potete cuocere il salmone a vapore per 12 minuti e accompagnarlo con questa salsa.

SPILLINO IN STILE BILBAÍN CON PIQUILTOS

INGREDIENTI

4 branzini

1 cucchiaio di aceto

4 spicchi d'aglio

Peperoni Piquillo

125 ml di olio d'oliva

Sale e pepe

ELABORAZIONE

Togliere i lombi al branzino. Condite con sale e pepe e fate soffriggere in una padella a fuoco vivo fino a quando non saranno dorate fuori e succose dentro. Tira fuori e prenota.

Tritate l'aglio e fatelo soffriggere nello stesso olio del pesce. Inumidire con aceto.

Rosolare i peperoni nella stessa padella.

Servire i filetti di branzino con la salsa sopra e accompagnare con i peperoni.

TRUCCO

La salsa Bilbao può essere preparata in anticipo; poi non ti resta che scaldare e servire.

COZZE IN VINAIGRETTE

1 kg di cozze

1 bicchierino di vino bianco

2 cucchiai di aceto

1 peperone verde piccolo

1 pomodoro grande

1 cipollotto piccolo

1 foglia di alloro

6 cucchiai di olio d'oliva

Sale

ELABORAZIONE

Pulite bene le cozze con una paglietta nuova.

Mettere le cozze in una pentola con il vino e l'alloro. Coprite e fate cuocere a fuoco vivo fino a quando non si apriranno. Prenota e scarta uno dei gusci.

Fare una vinaigrette tritando finemente il pomodoro, il cipollotto e il pepe. Condite con aceto, olio e sale. Mescolare e versare sulle cozze.

TRUCCO

Lasciar riposare una notte per esaltare i sapori.

MARMITAKO

INGREDIENTI

300 g di tonno (o palamita)

1 l di brodo di pesce

1 cucchiaio di peperoncino chorizo

3 patate grandi

1 peperone rosso grande

1 peperone verde grande

1 cipolla

Olio d'oliva

Sale e pepe

ELABORAZIONE

Soffriggere la cipolla e i peperoni tagliati a quadrotti. Aggiungere il cucchiaio di pepe chorizo e le patate sbucciate e affettate. Mescolare per 5 min.

Bagnare con il brodo di pesce e quando inizia a cuocere aggiustare di sale e pepe. Cuocete a fuoco basso finché le patate non saranno al loro punto.

Spegnete il fuoco e poi aggiungete il tonno tagliato a cubetti e condito. Lasciar riposare 10 min prima di servire.

TRUCCO

Il tonno può essere sostituito con il salmone. Il risultato è sorprendente.

SPIGOLA AL SALE

1 branzino

600 g di sale grosso

ELABORAZIONE

Sbudellare e pulire il pesce. Mettere un letto di sale su un piatto, adagiarvi sopra il branzino e ricoprire con il resto del sale.

Infornate a 220ºC fino a quando il sale non si sarà indurito e non si sarà spezzato. Sono circa 7 minuti per ogni 100 g di pesce.

TRUCCO

Il pesce non deve essere squamato se cotto sotto sale, poiché le squame proteggono la carne dalle alte temperature. Potete insaporire il sale con le erbe aromatiche o aggiungere un bianco d'uovo.

COZZE AL VAPORE

INGREDIENTI

1 kg di cozze

1 dl di vino bianco

1 foglia di alloro

ELABORAZIONE

Pulite bene le cozze con una paglietta nuova.

Mettere le cozze, il vino e l'alloro in una casseruola calda. Coprite e fate cuocere a fuoco vivo fino a quando non si apriranno. Scarta quelli che non sono stati aperti.

TRUCCO

In Belgio è un piatto molto popolare e si accompagna a delle buone patatine fritte.

NASELLO GALICIANO

INGREDIENTI

4 fette di nasello

600 g di patate

1 cucchiaino di paprika

3 spicchi d'aglio

1 cipolla media

1 foglia di alloro

6 cucchiai di olio d'oliva vergine

Sale e pepe

ELABORAZIONE

Scaldare l'acqua in una casseruola; Aggiungere le patate affettate, la cipolla tagliata a julienne, il sale e la foglia di alloro. Cuocete per 15 minuti a fuoco basso fino a quando tutto sarà morbido.

Aggiungere le fette di nasello condite e cuocere per altri 3 minuti. Scolare le patate e il nasello e trasferire il tutto in una pentola di terracotta.

Soffriggere in una padella l'aglio affettato o tritato; quando saranno dorate, togliete dal fuoco. Aggiungere la paprika, mescolare e versare questa salsa sul pesce. Servire velocemente con un po' di acqua di cottura.

È importante che la quantità di acqua sia sufficiente solo per coprire le fette di pesce e le patate.

NASELLO KOSKERA

INGREDIENTI

1 kg di nasello

100 g di piselli cotti

100 g di cipolla

100 g di vongole veraci

100 g di gamberi

1 dl di brodo di pesce

2 cucchiai di prezzemolo

2 spicchi d'aglio

8 punte di asparagi

2 uova sode

Farina

Sale e pepe

ELABORAZIONE

Tagliare il nasello a fette o lombi. Condite e infarinate.

Rosolare in una casseruola la cipolla e l'aglio tritati finemente fino a renderli morbidi. Alzate la fiamma, aggiungete il pesce e fatelo rosolare leggermente da entrambi i lati.

Bagnare con il fumo e cuocere per 4 minuti, muovendo continuamente la pentola per addensare la salsa. Aggiungere i gamberi sgusciati, gli asparagi, le vongole veraci mondate, i piselli e le uova in quarti. Cuocete ancora per 1 minuto e cospargete di prezzemolo tritato.

TRUCCO

Salare il nasello 20 minuti prima della cottura in modo che il sale sia distribuito più uniformemente.

COLTELLI CON AGLIO E LIMONE

INGREDIENTI

2 dozzine di coltelli

2 spicchi d'aglio

2 rametti di prezzemolo

1 limone

olio extravergine d'oliva

Sale

ELABORAZIONE

Mettere i cannolicchi in una ciotola con acqua fredda e salare la sera prima per pulirli da eventuali residui di sabbia.

Scolatele, adagiatele in una padella, coprite e fate scaldare a fuoco medio fino a quando non si apriranno.

Nel frattempo tritate l'aglio, i rametti di prezzemolo e mescolate con il succo di limone e l'olio d'oliva. Condite i cannolicchi con questa salsa.

TRUCCO

Sono deliziosi con una salsa olandese o bernese (pp. 532–517).

PUDDING STRADALE

500 g di scorfano senza testa

125 ml di salsa di pomodoro

¼ lt di panna

6 uova

1 carota

1 porro

1 cipolla

Briciole di pane

Olio d'oliva

Sale e pepe

Cuocete lo scorfano per 8 minuti insieme alle verdure pulite e tritate. Salare.

Sbriciolare la carne di scorfano (senza pelle né lische). Metterlo in una ciotola insieme alle uova, alla panna e alla salsa di pomodoro. Frullare e condire con sale e pepe.

Imburrate uno stampo e spolverizzate di pangrattato. Farcire con l'impasto precedente e cuocere a bagnomaria in forno a 175ºC per 50 minuti o fino a quando una stecca dell'ago non esce pulita. Servire freddo o tiepido.

Puoi sostituire il pesce scorpione con qualsiasi altro pesce

COCCOLA CON CREMA D'AGLIO MORBIDO

INGREDIENTI

4 piccole code di rana pescatrice

50 g di olive nere

400 ml di panna

12 spicchi d'aglio

Sale e pepe

ELABORAZIONE

Cuocere l'aglio in acqua fredda. Quando iniziano a bollire, togliere ed eliminare l'acqua. Ripetere la stessa operazione 3 volte.

Quindi, cuocere l'aglio nella panna per 30 minuti a fuoco basso.

Disidratare le olive snocciolate nel microonde fino a quando non si asciugano. Passatele al mortaio fino ad ottenere una polvere di oliva.

Condite e cuocete la coda di rospo a fuoco vivo fino a quando non sarà succosa all'esterno e dorata all'interno.

Condite la salsa. Servire la coda di rospo con la salsa da un lato e con la polvere di olive sopra.

Il sapore di questa salsa è morbido e delizioso. Se è molto liquido, dategli ancora qualche minuto di cottura. Se invece risultasse molto densa, aggiungete un po' di panna liquida calda e mescolate.

NASELLO AL SIDRO CON COMPOSTA DI MELE ALLA MENTA

4 supremi di nasello

1 bottiglia di sidro

4 cucchiai di zucchero

8 foglie di menta

4 mele

1 limone

Farina

Olio d'oliva

Sale e pepe

ELABORAZIONE

Condire il nasello, infarinare e rosolare in poco olio caldo. Sfornare e mettere su una teglia.

Sbucciare e affettare finemente le mele e aggiungerle nella teglia. Bagnare con il sidro e cuocere per 15 minuti a 165 ºC.

Scolare le mele e la salsa. Frullare con lo zucchero e le foglie di menta.

Servire il pesce accompagnato dalla composta.

TRUCCO

Un'altra versione della stessa ricetta. Infarinare e rosolare il nasello e metterlo in una casseruola insieme alle mele e al sidro. Cuocere a fuoco basso 6 min. Togliete il nasello e fate restringere la salsa. Quindi frullare insieme alla menta e allo zucchero.

SALMONE MARINATO

1 kg di lonza di salmone

500 g di zucchero

4 cucchiai di aneto tritato

500 g di sale grosso

Olio d'oliva

Mescolare il sale con lo zucchero e l'aneto in una ciotola. Metterne metà sulla base di una teglia. Aggiungere il salmone e coprire con l'altra metà del composto.

Conservare in frigorifero per 12 ore. Estrarre e pulire con acqua fredda. Sfilettare e coprire con olio.

Puoi insaporire il sale con qualsiasi erba o spezia (zenzero, chiodi di garofano, curry, ecc.)

TROTA CON FORMAGGIO BLU

INGREDIENTI

4 trote

75 g di formaggio blu

75 g di burro

40 cl di panna liquida

1 bicchierino di vino bianco

Farina

Olio d'oliva

Sale e pepe

ELABORAZIONE

Scaldare il burro in una casseruola insieme a un filo d'olio. Friggere la trota infarinata e salata per 5 minuti per lato. Riserva.

Versare il vino e il formaggio nel grasso avanzato dalla frittura. Cuocete senza smettere di mescolare fino a quando il vino non sarà quasi scomparso e il formaggio sarà completamente sciolto.

Aggiungere la panna e cuocere fino ad ottenere la consistenza desiderata. Condire con sale e pepe. Salsa sopra la trota.

TRUCCO

Preparare una salsa di formaggio erborinato in agrodolce, sostituendo la panna con il succo d'arancia fresco.

CRIADILLA DI AGNELLO PANATA ALLE ERBE FINE

INGREDIENTI

12 unità di criadillas di agnello

1 cucchiaino di rosmarino fresco

1 cucchiaino di timo fresco

1 cucchiaino di prezzemolo fresco

Farina, uova e pangrattato (per ricoprire)

Olio d'oliva

Sale e pepe

ELABORAZIONE

Pulite le criadillas rimuovendo le due membrane che le circondano. Lavare bene con acqua e poco aceto, quindi scolare e asciugare.

Tagliate e condite le criadillas. Mescolare un po' di pangrattato con le erbe fresche tritate finemente. Passare attraverso farina, uova e pangrattato e friggere in abbondante olio caldo.

TRUCCO

Una pastella più divertente e creativa può essere fatta sostituendo i cracker schiacciati con il pangrattato.

Scaloppina Milanese

INGREDIENTI

4 filetti di vitello

150 g di pangrattato

100 g di parmigiano

2 uova

Farina

Olio d'oliva

Sale e pepe

ELABORAZIONE

Condire e infarinare i filetti Passare nell'uovo sbattuto e nel composto di pane e parmigiano grattugiato.

Pressate bene in modo che il pangrattato aderisca bene e friggete in abbondante olio caldo.

TRUCCO

L'accompagnamento perfetto per questo piatto sono gli spaghetti al pomodoro.

STUFATO DI CARNE A LA JARDINERA

INGREDIENTI

1 kg di stinco di carne

100 g di funghi

1 bicchiere di vino rosso

3 cucchiai di pomodoro fritto

1 rametto di timo

1 rametto di rosmarino

1 foglia di alloro

2 carote

1 cipolla

2 chiodi di garofano

1 scatoletta di piselli

Brodo di carne (o acqua)

Olio d'oliva

Sale e pepe

ELABORAZIONE

Tritare, condire e rosolare la carne a fuoco vivo. Tira fuori e prenota.

Fate rosolare nello stesso olio la cipolla e le carote tagliate a cubetti.
Aggiungere nuovamente la carne e sfumare con il vino rosso. Fate
restringere e aggiungete il pomodoro fritto, l'alloro, i chiodi di garofano ei
rametti di timo e rosmarino.

Coprite con il brodo e fate cuocere finché la carne non sarà tenera. Poco prima della fine della cottura, aggiungere i piselli e i funghi saltati in quarti.

TRUCCO

L'aggiunta di una stecca di cannella durante la cottura dona allo stufato un tocco sorprendente.

FLAMENCO

INGREDIENTI

8 bistecche di prosciutto o lombo di maiale

8 fette di prosciutto serrano

8 fette di formaggio

Farina, uova e pangrattato (per ricoprire)

Olio d'oliva

Sale e pepe

ELABORAZIONE

Condire e tamponare i filetti. Farcire con una fetta di prosciutto e un'altra di formaggio e arrotolare su se stesse.

Passare attraverso la farina, l'uovo sbattuto e il pangrattato e friggere in abbondante olio caldo.

TRUCCO

Per dargli un tocco più divertente, puoi sostituire il pangrattato con cereali o kiko tritati.

VITELLO FRICANDO

INGREDIENTI

1 kg di filetti di manzo

300 g di funghi

250 cl di brodo di carne

125 cl di brandy

3 pomodori

1 cipolla

1 mazzetto di erbe aromatiche (timo, rosmarino, alloro...)

1 carota

Farina

Olio d'oliva

Sale e pepe

ELABORAZIONE

Condite e infarinate la carne. Rosolatela in poco olio a fuoco medio e toglietela.

Soffriggere la carota e la cipolla tagliate a pezzetti nello stesso olio con cui sono stati realizzati i filetti. Quando saranno morbide, aggiungete i pomodorini grattugiati. Cuocere bene fino a quando il pomodoro non avrà perso tutta l'acqua.

Alzate la fiamma e aggiungete i funghi. Cuocere per 2 minuti e poi bagnare nel brandy. Fate evaporare e aggiungete di nuovo le capesante.

Coprite con il brodo e aggiungete le erbe aromatiche. Aggiustate di sale e cuocete per 30 minuti a fuoco basso o finché la carne non sarà tenera. Lasciar riposare coperto per altri 30 min.

TRUCCO

Se non è stagione dei funghi, potete usare quelli disidratati. Il sapore è incredibile.

PORRIDGE CON CHORIZO E SALSICCIA

INGREDIENTI

10 salsicce fresche

2 salsicce

4 cucchiai colmi di farina di grano duro

1 cucchiaio di paprika

1 fegato di maiale

1 testa d'aglio

2 dl di olio d'oliva

Sale

ELABORAZIONE

Tagliate a pezzi il chorizo e le salsicce. Rosolare a fuoco medio con l'olio. Rimuovere e prenotare.

Fate rosolare nello stesso olio il fegato tagliato a dadini e metà dell'aglio. Scolare e pestare in un mortaio. Riserva.

Fate soffriggere nello stesso olio il resto dell'aglio affettato, aggiungete la paprika e un po' di farina.

Mescolare senza fermarsi fino a quando la farina non è più cruda. Aggiungere 7 dl di acqua e cuocere mescolando. Aggiungere il purè del mortaio, le salsicce e i chorizos. Aggiustate di sale e mescolate.

Un buon accompagnamento sono dei teneri germogli di aglio sulla griglia.

LACON CON CIME DI RAPA

1 ½ kg di spalla fresca

1 grande mazzo di cime di rapa

3 salsicce

2 patate grandi

1 cipolla media

Paprika (dolce o piccante)

Olio d'oliva

Sale

Cuocete la spalla di maiale per circa 2 ore con abbondante acqua salata e la cipolla.

Quando mancano 30 minuti alla fine della cottura, aggiungere i chorizos e le spesse patate cachelada (strappate, non tagliate).

A parte cuocete le cime di rapa in acqua bollente per 10 min. Scolare e riservare.

Impiattare il lacón, i chorizos, le patate e le cime di rapa e cospargere di paprika dolce o piccante.

TRUCCO

È conveniente cuocere le cime di rapa separatamente perché l'acqua di cottura è amara.

TRUCCO

È conveniente cuocere le cime di rapa separatamente perché l'acqua di cottura è amara.

FEGATO DI VITELLO IN SALSA AL VINO ROSSO

INGREDIENTI

750 g di filetti di fegato di manzo

100 g di farina

75 g di burro

1 litro di brodo di carne

400 ml di vino rosso

2 cipolle grandi

Olio d'oliva

Sale e pepe

ELABORAZIONE

Cuocete il vino fino a quando non avrà ridotto della metà il suo volume.

Nel frattempo mettete in una casseruola 1 cucchiaio di burro e un altro di farina. Cuocere a fuoco basso fino a quando la farina non sarà leggermente dorata. Bagnare con il vino e il brodo senza smettere di mescolare. Cuocere 15 min, aggiustare di sale e pepe.

Condite e infarinate il fegato. Rosolare in poco olio da entrambi i lati. Rimuovere e prenotare.

Fate rosolare nello stesso olio la cipolla tritata finemente per 25 minuti. Aggiungere il fegato e la salsa. Scaldare (non far bollire) e servire caldo.

Puoi sostituire il vino rosso con quello bianco, il lambrusco, il cava, uno dolce, ecc.

Lepre in umido

INGREDIENTI

1 lepre

1 litro di brodo di carne

½ litro di vino rosso

1 rametto di rosmarino

1 rametto di timo

4 spicchi d'aglio

2 pomodori

1 cipolla grande

1 carota

1 porro

Olio d'oliva

Sale e pepe

ELABORAZIONE

Tritare, condire e rosolare la lepre. Rimuovere e prenotare.

Tagliare a pezzetti l'aglio, la cipolla, la carota e il porro e farli rosolare per 20 minuti nello stesso olio in cui è stata cotta la lepre.

Unite i pomodorini grattugiati e fate cuocere finché non perdono tutta la loro acqua. Rimetti la lepre.

Bagnare con il vino e il brodo, aggiungere le erbe aromatiche e cuocere a fuoco basso per circa 1 ora o fino a quando la lepre sarà tenera.

TRUCCO

La lepre tagliata a pezzi può essere fatta macerare per 24 ore nel vino e nel brodo insieme alle erbe aromatiche e alle verdure tagliate a pezzetti. Il giorno dopo scolate la lepre, conservando i liquidi e le verdure, e cuocetela seguendo i passaggi precedenti.

LOMBATA DI MAIALE CON LA PESCA

INGREDIENTI

1 kg di lonza di maiale intera

1 bicchiere di brodo di carne

1 bustina di zuppa di cipolle disidratate

1 vasetto di pesche sciroppate

Olio d'oliva

Sale e pepe

ELABORAZIONE

Condite la carne e fatela rosolare in padella da tutti i lati.

Aggiungere la pesca senza lo sciroppo e il brodo. Cuocere a fuoco molto basso per 1 ora o fino a quando la pesca non si sarà quasi caramellata. A quel tempo aggiungete la busta di zuppa di cipolle e fate cuocere altri 5 minuti.

Togliere la lonza e frullare la salsa. Porre il lombo e la salsa.

TRUCCO

Lo stesso si può fare con l'ananas sciroppato e anche con il filetto di maiale, ma riducendo della metà il tempo di cottura.

SALSA MAGRA

INGREDIENTI

1 kg di carne di maiale magra

1 barattolo di passata di pomodoro da 800 g

1 rametto di timo fresco

1 cipolla grande

2 spicchi d'aglio

Brandy

zucchero

Olio d'oliva

Sale e pepe

ELABORAZIONE

Salate e fate rosolare la magra a fuoco vivo. Togliere la carne e mettere da parte.

Soffriggere nello stesso olio la cipolla e l'aglio tagliati a brunoise. Aggiungere di nuovo la magra e bagnare con una spruzzata di brandy.

Lasciate ridurre per 2 minuti, aggiungete la lattina di pomodoro, il rametto di timo e fate cuocere a fuoco basso fino a quando la carne magra sarà tenera.

Rettificare sale e zucchero e cuocere altri 5 minuti.

Puoi anche saltare dei funghi buoni e aggiungerli allo stufato.

ZAMPTINI DI MAIALE IN UMIDO

INGREDIENTI

4 zampetti di maiale

100 g di prosciutto serrano

1 bicchiere di vino bianco

1 cucchiaino di farina

1 cucchiaio di paprika

4 spicchi d'aglio

2 pomodori

2 cipolle

1 foglia di alloro

1 carota

1 Caienna

Olio d'oliva

sale e 10 grani di pepe

ELABORAZIONE

Cuocete gli zamponi in acqua fredda per 1 minuto appena iniziano a bollire. Cambiare l'acqua e ripetere questa operazione 3 volte. Quindi cuocerli con 1 cipolla, carota, 2 spicchi d'aglio, alloro, grani di pepe e sale per 2 ½ h o finché la carne non si stacca facilmente dall'osso. Riserva il brodo.

Tritare finemente l'altra cipolla e il resto dell'aglio. Rosolare per circa 10 minuti insieme al prosciutto tagliato a dadini e al pepe di Caienna.

Aggiungere la farina e la paprika. Fate rosolare per 10 secondi e aggiungete i pomodorini grattugiati. Cuocete finché non perde tutta la sua acqua. Bagnare con il vino e cuocere a fuoco vivo fino a quando non si sarà addensato e la salsa sarà quasi asciutta. Rimuovere. Bagnare con 200 ml del brodo di cottura degli zamponi e continuare a mescolare per evitare che si attacchi. Cuocere a fuoco basso per 10 minuti e aggiustare di sale. Disossare gli zamponi, metterli nella salsa e cuocere per altri 2 minuti.

TRUCCO

I piedini possono essere farciti con quello che vuoi. Non vi resta che avvolgerli con pellicola trasparente e lasciarli raffreddare. Poi non vi resta che tagliarli a fette spesse, infarinarli, friggerli e cuocerli nella salsa.

BRICIOLE

INGREDIENTI

1 pezzo di pane raffermo

200 g di salsiccia

200 g di prosciutto

4 peperoni verdi italiani

1 testa d'aglio

ELABORAZIONE

Tagliare la pagnotta a cubetti e idratarla con acqua (non deve essere inzuppata).

Friggere l'aglio schiacciato non sbucciato in una padella capiente e metterlo da parte. Tagliare il chorizo e il prosciutto e friggerli anche loro nella stessa padella. Rimuovere e prenotare.

Rosolare il pane nello stesso olio in cui è stato fatto il chorizo per 30 minuti a fuoco basso. Mescolare fino a quando il pane è friabile ma non asciutto. Aggiungere il resto degli ingredienti e mescolare ancora per amalgamare le briciole con il chorizo e il prosciutto.

TRUCCO

Le migas possono essere accompagnate con sardine, uva, uova al tegamino, ecc.

LOMBATA DI MAIALE RIPIENA

800 g di lonza di maiale aperta

200 g fette di prosciutto serrano

175 g di pancetta affettata

90 g di noci miste

75 g di strutto

750 ml di brodo di carne

150 ml di vino bianco

1 cucchiaio colmo di amido di mais

4 uova

Sale e pepe

ELABORAZIONE

Condire e dipingere la lonza con l'uovo sbattuto. Farcire con le fette di prosciutto, la pancetta, le noci e 3 uova sode tagliate in quarti.

Chiudere con una rete di carne e spalmare con lo strutto. Rosolare su tutti i lati in una padella calda. Trasferire su una teglia e cuocere a 180ºC per 30 min. Innaffia ogni 5 minuti con il brodo.

Lasciar riposare la carne fuori dalla teglia per 5 min.

Recuperare i succhi dalla teglia, aggiungere il vino e scaldare nuovamente il tutto in un pentolino. Portare a bollore e aggiungere l'amido di mais diluito in poca acqua fredda. Condire con sale e pepe.

Sfilettare la lonza e condire con la salsa.

TRUCCO

Il riposo della carne è fondamentale, poiché favorisce che i succhi non si perdano e che i sapori siano omogeneizzati.

VITELLO CARBONARA

INGREDIENTI

8 filetti di vitello

500 g di cipolle

100 g di burro

½ l di brodo di manzo

1 bottiglia di birra

1 foglia di alloro

1 rametto di timo

1 rametto di rosmarino

Farina

Olio d'oliva

Sale e pepe

ELABORAZIONE

Condite e infarinate i filetti. Farli rosolare leggermente da entrambi i lati nel burro. Rimuovere e prenotare.

Soffriggere in quel burro le cipolle tagliate a julienne fini. Coprite la padella e fate cuocere a fuoco basso per 30 min.

Aggiungere le bistecche e la birra. Cuocere a fuoco medio fino a quando la salsa non sarà quasi asciutta.

Bagnare con il brodo di carne e aggiungere le erbe aromatiche. Cuocere a fuoco basso fino a quando la carne non sarà tenera. Aggiustate di sale e lasciate riposare per 20 minuti fuori dal fuoco con la padella coperta.

TRUCCO

Se la carne è troppo cotta sarà dura e dovrà essere cotta più a lungo finché non si ammorbidisce di nuovo. È meglio controllarne la durezza ogni 5-10 minuti.

PANE D'AGNELLO CON I PORCINI

INGREDIENTI

500 g animelle di agnello

250 g di porcini

1 bicchiere di vino Sherry

1 cipollotto

1 spicchio d'aglio

Prezzemolo

Olio d'oliva

Sale e pepe

ELABORAZIONE

Raffreddare i ventrigli in abbondante acqua fredda per almeno 2 ore, cambiando l'acqua 2 o 3 volte. Poi cuoceteli in un pentolino coperto di acqua fredda. Lasciare agire per 10 secondi dal primo bollore, togliere e raffreddare. Eliminate tutta la pelle e il grasso e il filetto.

Soffriggere la cipolla e l'aglio in una padella calda, tagliata a pezzetti. Alzate la fiamma e aggiungete i ventrigli salati. Fate rosolare per 2 min e aggiungete i porcini puliti e sfilettati. Cuocere 2 min e bagnare con il vino. Lasciate ridurre a fuoco basso per circa 20 min.

Il successo di questo piatto sta nella pazienza di pulire il ventriglio.
Altrimenti, saranno amari e avranno un cattivo sapore.

OSSOBUCO DI VITELLO ALL'ARANCIA

INGREDIENTI

8 ossobuchi

1 litro di brodo di carne

1 bicchiere di vino bianco

2 cucchiai di aceto di vino

1 cipolla

1 mazzetto di erbe aromatiche (timo, rosmarino, alloro...)

2 carote

2 chiodi di garofano

½ arancia grattugiata

Succo di 2 arance

succo di ½ limone

1 cucchiaio di zucchero

Burro

Olio d'oliva

Sale e pepe

ELABORAZIONE

Unire in una ciotola la cipolla tagliata a julienne, le carote tagliate a pezzetti, i succhi, i chiodi di garofano, le erbe aromatiche e il vino bianco. Condire gli ossobuchi e marinare per 12 ore in questo composto. Scolare e conservare il liquido.

Asciugate la carne e fatela rosolare a fuoco molto alto in una casseruola.

A parte, lessate le verdure marinate nell'olio e aggiungete gli ossobuchi. Cuocere fino a quando non sarà morbido. Aggiungere il liquido riservato e cuocere a fuoco vivo per 5 minuti. Bagnare con il brodo di carne. Coprire e cuocere per circa 3 ore o fino a quando l'osso si stacca facilmente.

Nel frattempo fare un caramello con lo zucchero e l'aceto. Versatela sopra la salsa. Aggiungere un po' di burro e la scorza d'arancia. Far bollire qualche minuto con la carne.

TRUCCO

È importante che la pentola dove vengono rosolati gli ossobuchi sia molto calda in modo che la carne sia molto più succosa.

SALSICCIA AL VINO

INGREDIENTI

20 salsicce fresche

2 cipolle tagliate a julienne

½ litro di vino bianco

1 cucchiaio di farina

2 foglie di alloro

Olio d'oliva

Sale e pepe

ELABORAZIONE

Rosolare le salsicce a fuoco vivo. Tira fuori e prenota.

Tagliate a julienne le cipolle e fatele appassire a fuoco basso per 40 minuti nello stesso olio delle salsicce. Aggiungere la farina e friggere per 5 min. Aggiungere nuovamente le salsicce, bagnare con il vino e aggiungere le foglie di alloro.

Cuocere per 20 minuti fino a quando tutto l'alcol non sarà evaporato e condire con sale e pepe.

TRUCCO

Un'ottima versione può essere fatta aggiungendo il lambrusco al posto del vino bianco.

TORTA DI CARNE INGLESE

INGREDIENTI

800 g di carne macinata

800 g di patate

2 bicchieri di vino rosso

1 bicchiere di brodo di pollo

4 tuorli d'uovo

4 spicchi d'aglio

2 pomodori di media stagionatura

2 cipolle

4 carote

Parmigiano

Timo

Origano

Olio d'oliva

Sale e pepe

ELABORAZIONE

Pelare, tagliare e cuocere le patate. Riserva. Grattugiare l'aglio, le cipolle e le carote.

Condire e rosolare la carne. Unite poi le verdure e fatele appassire bene. Unite i pomodorini grattugiati e fate soffriggere. Bagnate con il vino e fate

sfumare. Bagnare con il brodo e attendere che la salsa sia quasi asciutta.
Aggiungere il timo e l'origano.

Passare le patate allo schiacciapatate, aggiustare di sale e pepe e aggiungere
il parmigiano grattugiato finemente e 4 tuorli d'uovo.

Mettere la carne ben stretta in uno stampo e adagiarvi sopra la purea e il
parmigiano grattugiato grossolanamente. Infornare a 175ºC per 20 min.

TRUCCO

Si può accompagnare con una buona salsa di pomodoro e anche una salsa
barbecue.

TATAKI DI TONNO MARINATO ALLA SOIA

INGREDIENTI

1 lonza di tonno (o salmone)

1 bicchiere di soia

1 bicchiere di aceto

2 cucchiai colmi di zucchero

Scorza di 1 piccola arancia

Aglio

sesamo tostato

Zenzero

ELABORAZIONE

Pulite bene il tonno e tagliatelo a lingotti. Rosolatela leggermente da tutti i lati in una padella molto calda e fatela raffreddare subito in acqua ghiacciata per fermare la cottura.

Mescolare in una ciotola la soia, l'aceto, lo zucchero, la scorza d'arancia, lo zenzero e l'aglio. Aggiungere il pesce e marinare per almeno 3 ore.

Ricoprite di sesamo, tagliate a fettine e servite.

Questa ricetta va preparata con il pesce precedentemente congelato per evitare l'anisakis.

TORTA AL NASELLO

1 kg di nasello

1 litro di panna

1 cipolla grande

1 bicchiere di brandy

8 uova

Pomodoro fritto

Olio d'oliva

Sale e pepe

Tagliate la cipolla a julienne e fatela appassire in padella. Quando sarà morbido, aggiungete il nasello. Cuocere fino a cottura e sbriciolata.

Quindi alzare la fiamma e versare sopra il brandy. Fate restringere e aggiungete un po' di pomodoro.

Togliere dal fuoco e aggiungere le uova e la panna. Distruggi tutto. Condire a piacere e metterlo in uno stampo. Cuocete a bagnomaria in forno a 165ºC per almeno 1 ora o fino a quando un ago non esce pulito.

Servire con salsa rosa o tartara. Si può fare con qualsiasi pesce bianco disossato.

PEPERONI RIPIENI CON COD

INGREDIENTI

250 g merluzzo dissalato

100 g di gamberi

2 cucchiai di pomodoro fritto

2 cucchiai di burro

2 cucchiai di farina

1 lattina di peperoni piquillo

2 spicchi d'aglio

1 cipolla

Brandy

Olio d'oliva

Sale e pepe

ELABORAZIONE

Coprire il merluzzo con acqua e cuocere per 5 min. Sfornare e conservare l'acqua di cottura.

Lessate la cipolla e gli spicchi d'aglio tagliati a pezzetti. Sbucciate i gamberi e aggiungete i gusci nella padella delle cipolle. Soffriggere bene. Alzare la fiamma e aggiungere una spruzzata di brandy e il pomodoro fritto. Bagnare con l'acqua di cottura del merluzzo e cuocere per 25 min. Frullare e filtrare.

Saltare i gamberi tagliati a pezzetti e mettere da parte.

Soffriggere la farina nel burro per circa 5 minuti, aggiungere il brodo colato e cuocere per altri 10 minuti sbattendo con una frusta.

Aggiungere il merluzzo sbriciolato e i gamberi saltati. Condite con sale e pepe e fate raffreddare.

Farcire i peperoni con l'impasto precedente e servire.

TRUCCO

La salsa perfetta per questi peperoni è Biscayan (vedi la sezione Brodi e Salse).

RAGGI

INGREDIENTI

1 kg di calamaro intero

150 g di farina di frumento

50 g di farina di ceci

Olio d'oliva

Sale

ELABORAZIONE

Pulite bene i calamari, eliminando la pelle esterna e pulendo bene l'interno. Tagliateli a listarelle sottili nel senso della lunghezza, non nel senso della larghezza. Salare.

Unire la farina di frumento e la farina di ceci e infarinare i calamari con il composto.

Scaldare bene l'olio e friggere gli anelli di calamaro poco per volta fino a doratura. Servire subito.

TRUCCO

Salate i calamari con 15 minuti di anticipo e friggeteli in olio molto caldo.

SOLDATI DI PAVIA

500 g merluzzo dissalato

1 cucchiaio di origano

1 cucchiaio di cumino macinato

1 cucchiaio di colorante alimentare

1 cucchiaio di paprika

1 bicchiere di aceto

2 spicchi d'aglio

1 foglia di alloro

Farina

olio caldo

Sale

ELABORAZIONE

Unire in una ciotola l'origano, il cumino, la paprika, l'aglio schiacciato, il bicchiere di aceto e un altro bicchiere d'acqua, e condire con un pizzico di sale. Mettere il merluzzo dissalato tagliato a listarelle nella marinata per 24 ore.

Mescolare il colorante alimentare e la farina. Infarinare le strisce di merluzzo, scolarle e friggerle in abbondante olio bollente.

Servire subito in modo che l'interno sia succoso e l'esterno croccante.

FRITTE DI GAMBERI

INGREDIENTI

125 g di gamberi crudi

75 g di farina di frumento

50 g di farina di ceci

5 fili di zafferano (o colorante)

¼ di cipollotto

Prezzemolo fresco

olio extravergine d'oliva

Sale

ELABORAZIONE

Tostate lo zafferano in forno per pochi secondi avvolto in un foglio di alluminio.

In una ciotola mescolare la farina, il sale, lo zafferano in polvere, il cipollotto tritato finemente, il prezzemolo tritato, 125 ml di acqua molto fredda e i gamberi.

Friggere in abbondante olio a cucchiaiate la pasta stesa. Lasciate finché non saranno ben dorati.

TRUCCO

L'impasto dovrebbe avere una consistenza simile allo yogurt quando viene mescolato con un cucchiaio.

TROTA IN NAVARRA

INGREDIENTI

4 trote

8 fette di prosciutto serrano

Farina

Olio d'oliva

Sale

ELABORAZIONE

Mettere 2 fette di prosciutto Serrano in ogni trota pulita e sventrata. Farina e aggiusta di sale.

Friggere in abbondante olio e togliere il grasso in eccesso su carta assorbente.

TRUCCO

La temperatura dell'olio deve essere medio-alta per evitare che cuocia solo all'esterno e che il calore non raggiunga il centro del pesce.

TARTARA DI SALMONE CON AVOCADO

INGREDIENTI

500 g di salmone senza lische e senza pelle

6 capperi

4 pomodori

3 cetrioli sottaceto

2 avocado

1 cipollotto

succo di 2 limoni

Tabasco

Olio d'oliva

Sale

ELABORAZIONE

Mondate e private del torsolo i pomodori. Svuotare gli avocado. Tritare tutti gli ingredienti il più finemente possibile e mescolarli in una ciotola.

Condire con succo di limone, qualche goccia di Tabasco, olio d'oliva e sale.

TRUCCO

Può essere fatto con salmone affumicato o altri pesci simili come la trota.

Capesante galiziano

INGREDIENTI

8 capesante

125 g di cipolle

125 g di prosciutto serrano

80 g di pangrattato

1 cucchiaio di prezzemolo fresco

½ cucchiaino di paprika dolce

1 uovo sodo, tritato

ELABORAZIONE

Tritare finemente le cipolle e farle cuocere a bassa temperatura per 10 min. Incorporate il prosciutto tagliato a cubetti e continuate la frittura per altri 2 minuti. Aggiungere la paprika e cuocere altri 10 secondi. Sfornare e lasciare raffreddare.

Una volta freddo, mettetelo in una ciotola e aggiungete il pangrattato, il prezzemolo e l'uovo tritati. Mescolarsi.

Farcite le capesante con il composto precedente, disponetele su un piatto e infornate a 170º per 15 min.

TRUCCO

Per risparmiare tempo, preparare in anticipo e cuocere il giorno in cui sono necessari. Si può fare anche con le capesante e anche con le ostriche.

POLLO IN SALSA CON FUNGHI

INGREDIENTI

1 pollo

350 g di funghi

½ litro di brodo di pollo

1 bicchiere di vino bianco

1 rametto di timo

1 rametto di rosmarino

1 foglia di alloro

2 pomodori

1 peperone verde

1 spicchio d'aglio

1 cipolla

1 Caienna

Olio d'oliva

Sale e pepe

ELABORAZIONE

Tritare, condire e rosolare il pollo a fuoco vivo. Rimuovere e prenotare. Fate rosolare nello stesso olio a fuoco basso per 5 minuti la cipolla, il pepe di Caienna, il pepe e l'aglio tagliati a pezzetti molto piccoli. Alzate la fiamma e aggiungete i pomodorini grattugiati. Cuocere fino a quando tutta l'acqua nel pomodoro non sarà scomparsa.

Aggiungere nuovamente il pollo e bagnare con il vino fino a quando non si sarà addensato e la salsa sarà quasi asciutta. Bagnare con il brodo e aggiungere le erbe aromatiche. Cuocere per circa 25 minuti o fino a quando il pollo è tenero.

A parte fate rosolare i funghi affettati conditi con sale in una padella calda con poco olio per 2 minuti. Uniteli allo stufato di pollo e fate cuocere altri 2 minuti. Aggiustate di sale se necessario.

TRUCCO

Il risultato è altrettanto buono se è fatto con i finferli.

POLLO SOTTACETO AL SIDRO

INGREDIENTI

1 pollo

2 bicchieri di aceto

4 bicchieri di sidro

2 spicchi d'aglio

2 carote

1 foglia di alloro

1 porro

2 bicchieri di olio

Sale e grani di pepe

ELABORAZIONE

Tritare, condire e rosolare il pollo in una pentola. Tira fuori e prenota. Soffriggere nello stesso olio le carote e il porro tagliati a bastoncini, e gli spicchi d'aglio affettati. Quando le verdure saranno morbide, aggiungete i liquidi.

Aggiungere l'alloro e il pepe, regolare di sale e cuocere per altri 5 minuti. Aggiungere il pollo e cuocere altri 12 min. Lasciar riposare coperto dal fuoco.

TRUCCO

Si può conservare coperto in frigorifero per diversi giorni. Il decapaggio è un modo per conservare il cibo.

SPEZZATINO DI POLLO CON NUSCALES

INGREDIENTI

1 pollo grande

150 g di finferli

1 bicchiere di brandy

1 rametto di timo

1 rametto di rosmarino

2 pomodori grattugiati

2 spicchi d'aglio

1 peperone verde

1 peperone rosso

1 carota

1 cipolla

Zuppa di pollo

Farina

Olio d'oliva

Sale e pepe

ELABORAZIONE

Condite e infarinate il pollo tagliato a pezzi. Rosolare a fuoco vivo con un filo d'olio, togliere e mettere da parte.

Nello stesso olio soffriggere la carota, la cipolla, l'aglio ei peperoni, tagliati a pezzetti, per 20 minuti a fuoco basso.

Alzate la fiamma e aggiungete i pomodorini grattugiati. Cuocere fino a quando quasi tutta l'acqua non sarà scomparsa dai pomodori. Aggiungere i finferli puliti e tritati. Cuocere per 3 minuti a fuoco alto, coprire con il brandy e farlo restringere.

Rimettete il pollo e coprite con il brodo. Aggiungere le erbe aromatiche e cuocere altri 25 min.

TRUCCO

Qualsiasi tipo di fungo di stagione può essere utilizzato in questo piatto.

FILETTO DI POLLO MADRILEÑA

INGREDIENTI

8 filetti di pollo

3 spicchi d'aglio

2 cucchiai di prezzemolo fresco

1 cucchiaino di cumino macinato

Farina, uova e pangrattato (per ricoprire)

Olio d'oliva

Sale e pepe

ELABORAZIONE

Mescolare il prezzemolo e l'aglio tritati finemente insieme al pangrattato e al cumino.

Condire i filetti e passarli nella farina, nell'uovo sbattuto e nel composto precedente.

Premere con le mani in modo che la panatura si attacchi bene. Friggere in abbondante olio caldo fino a doratura.

TRUCCO

Possono essere gratinati con sopra qualche fetta di mozzarella e pomodoro concassé (vedi sezione Brodi e Salse).

FRICANDÓ DI POLLO CON FUNGHI SHIITAKE

INGREDIENTI

1 kg di filetti di pollo

250 g di funghi shiitake

250 ml di brodo di pollo

150 ml di brandy

2 pomodori

1 carota

1 spicchio d'aglio

1 porro

½ cipollotto

1 mazzetto di erbe aromatiche (timo, rosmarino, alloro...)

1 cucchiaino di paprika

Farina

Olio d'oliva

Sale e pepe

ELABORAZIONE

Condite e infarinate i filetti di pollo tagliati in quarti. Rosolare in poco olio a fuoco medio e togliere.

Fate lessare nello stesso olio le verdure tagliate a pezzetti, aggiungete la paprika e, infine, aggiungete i pomodori grattugiati.

Rosolare bene finché il pomodoro non perde tutta l'acqua, alzare la fiamma e aggiungere i funghi. Cuocere per 2 minuti e poi immergere nel brandy. Lascia evaporare tutto l'alcool e reinserisci il pollo.

Coprite con il brodo e aggiungete le erbe aromatiche. Aggiustate di sale e cuocete per altri 5 minuti a fuoco basso.

TRUCCO

Lasciar riposare coperto per 5 minuti per permettere ai sapori di fondersi meglio.

PERE DI CIOCCOLATO AL PEPE

INGREDIENTI

150 g di cioccolato

85 g di zucchero

½ litro di latte

4 pere

1 stecca di cannella

10 grani di pepe

ELABORAZIONE

Mondate le pere senza togliere la coda. Cuoceteli nel latte insieme allo zucchero, alla stecca di cannella e ai grani di pepe per 20 min.

Eliminate le pere, filtrate il latte e aggiungete il cioccolato. Lasciarlo ridurre senza smettere di mescolare finché non si addensa. Servite le pere accompagnate dalla salsa al cioccolato.

TRUCCO

Una volta che le pere saranno cotte, apritele per il lungo, privatele del torsolo e farcitele con mascarpone e zucchero. Richiudere e condire. Delizioso.

TORTA AI TRE CIOCCOLATI CON BISCOTTO

INGREDIENTI

150 g di cioccolato bianco

150 g di cioccolato fondente

150 g di cioccolato al latte

450 ml di panna

450 ml di latte

4 cucchiai di burro

1 confezione di biscotti Maria

3 bustine di cagliata

ELABORAZIONE

Sbriciolate i biscotti e fate sciogliere il burro. Impastare i biscotti con il burro e fare la base della torta in uno stampo amovibile. Lasciar riposare in freezer per 20 min.

Nel frattempo scaldare in un recipiente 150 g di latte, 150 g di panna e 150 g di uno dei cioccolatini. Non appena inizia a bollire, diluire 1 bustina di cagliata in un bicchiere con un po' di latte e unire al composto nel contenitore. Togliere non appena cuoce di nuovo.

Mettere il primo cioccolato sulla pasta biscotto e conservare in congelatore per 20 min.

Ripeti la stessa operazione con un altro cioccolato e mettilo sopra il primo strato. E ripetere l'operazione con il terzo cioccolato. Lasciar riposare in freezer o in frigorifero fino al momento di servire.

Possono essere utilizzati altri cioccolatini, come la menta o l'arancia.

MERINGA SVIZZERA

250 g di zucchero

4 albumi

un pizzico di sale

Qualche goccia di succo di limone

ELABORAZIONE

Montare gli albumi con le bacchette fino a quando non avranno una consistenza dura. Aggiungere il succo di limone, un pizzico di sale e lo zucchero, poco alla volta e senza smettere di sbattere.

Quando hai finito di aggiungere lo zucchero, sbatti per altri 3 minuti.

TRUCCO

Quando gli albumi montati a neve sono duri, si parla di peak point o snow point.

CREPE DI CREMA DI NOCCIOLA CON BANANA

INGREDIENTI

100 g di farina

25 g di burro

25 g di zucchero

1 ½ dl di latte

8 cucchiai di crema di nocciole

2 cucchiai di rum

1 cucchiaio di zucchero a velo

2 banane

1 uovo

½ bustina di lievito

ELABORAZIONE

Sbattere l'uovo, il lievito, il rum, la farina, lo zucchero e il latte. Lasciar riposare in frigorifero per 30 min.

Scaldare il burro a fuoco basso in una padella antiaderente e stendere uno strato sottile di impasto su tutta la superficie. Capovolgi fino a quando non sarà leggermente dorato.

Sbucciare e affettare le banane. Spalmate su ogni crepe 2 cucchiai di crema di nocciole e ½ banana. Chiudere a forma di fazzoletto e spolverizzare con zucchero a velo.

Le crepes possono essere fatte in anticipo. Quando verranno mangiate, non vi resta che scaldarle in una padella con un po' di burro da entrambi i lati.

TORTA AL LIMONE CON BASE AL CIOCCOLATO

INGREDIENTI

400 ml di latte

300 g di zucchero

250 g di farina

125 g di burro

50 g di cacao

50 g di amido di mais

5 tuorli

succo di 2 limoni

ELABORAZIONE

Impastare la farina, il burro, 100 g di zucchero e il cacao fino ad ottenere un composto sabbioso. Poi aggiungete l'acqua fino ad ottenere un impasto che non si attacca alle mani. Foderate uno stampo, versate questa crema e infornate a 170ºC per 20 minuti.

In alternativa scaldate il latte. Nel frattempo, sbattere i tuorli e il resto dello zucchero fino a quando non diventano leggermente chiari. Quindi aggiungere l'amido di mais e mescolare con il latte. Scaldare senza smettere di mescolare fino a quando non diventa denso. Aggiungere il succo di limone e continuare a mescolare.

Montare la torta riempiendo la base con la crema. Fate riposare in frigo per 3 ore prima di servire.

Alla crema al limone aggiungete qualche foglia di menta per dare alla torta un perfetto tocco di freschezza.

TIRAMISÙ

INGREDIENTI

500 g di mascarpone

120 g di zucchero

1 confezione di savoiardi

6 uova

Amaretto (o rum tostato)

1 bicchiere grande con caffettiera (zuccherato a piacere)

polvere di cacao

Sale

ELABORAZIONE

Separare i tuorli e i bianchi. Montare i tuorli e aggiungere metà dello zucchero e il mascarpone. Battere con movimenti avvolgenti e riserva. Montare a neve (o neve) gli albumi con un pizzico di sale. Quando saranno quasi montate, aggiungete l'altra metà dello zucchero e finite di montare. Amalgamare tuorli e albumi con delicatezza e con movimenti avvolgenti.

Immergere i biscotti nel caffè e nel liquore da entrambi i lati (senza bagnarli troppo) e adagiarli sul fondo di un contenitore.

Adagiate sopra i biscotti uno strato di crema di uova e formaggio. Bagnare nuovamente i biscotti soletilla e montarli sopra l'impasto. Terminate con la pasta di formaggio e spolverizzate con il cacao in polvere.

Mangiare durante la notte o meglio due giorni dopo la preparazione.

INTXAURSALSA (CREMA DI NOCI)

INGREDIENTI

125 g di noci sgusciate

100 g di zucchero

1 litro di latte

1 stecca di cannella piccola

ELABORAZIONE

Far bollire il latte con la cannella e aggiungere lo zucchero e le noci tritate.

Cuocere a fuoco basso per 2 h e lasciar raffreddare prima di servire.

TRUCCO

Deve avere una consistenza come quella del budino di riso.

LATTE MERENGUATO

INGREDIENTI

175 g di zucchero

1 litro di latte

buccia di 1 limone

1 stecca di cannella

3 o 4 albumi

Polvere di cannella

ELABORAZIONE

Scaldare il latte a fuoco basso con la stecca di cannella e la scorza di limone finché non inizia a bollire. Aggiungere subito lo zucchero e cuocere per altri 5 minuti. Riservate e lasciate raffreddare in frigorifero.

Quando sarà freddo montate gli albumi a neve e unite il latte con movimenti avvolgenti. Servire con la cannella in polvere.

TRUCCO

Per ottenere una granita imbattibile, mettetela da parte in congelatore e raschiatela ogni ora con una forchetta fino a quando non sarà completamente congelata.

LINGUE DI GATTO

INGREDIENTI

350 g di farina sfusa

250 g di burro pomata

250 g di zucchero a velo

5 albumi

1 uovo

Vaniglia

Sale

ELABORAZIONE

In una ciotola mettete il burro, lo zucchero a velo, un pizzico di sale e un po' di essenza di vaniglia. Sbattere bene e aggiungere l'uovo. Continuate a sbattere e aggiungete gli albumi uno alla volta continuando a sbattere. Aggiungere la farina tutta in una volta senza mescolare molto.

Riservate la crema in una manica con bocchetta liscia e fate delle strisce di circa 10 cm. Battere la piastra contro il tavolo in modo che l'impasto si allarghi e cuocere a 200ºC fino a quando le estremità non saranno dorate.

TRUCCO

Aggiungi 1 cucchiaio di polvere di cocco all'impasto per creare diverse lingue di gatto.

BISCOTTI ALL'ARANCIA

220 g di farina

200 g di zucchero

4 uova

1 piccola arancia

1 sul lievito chimico

Polvere di cannella

220 g di olio di semi di girasole

ELABORAZIONE

Mescolare le uova con lo zucchero, la cannella e la scorza e il succo dell'arancia.

Aggiungere l'olio e mescolare. Aggiungere la farina e il lievito setacciati. Fate riposare questo composto per 15 minuti e versatelo negli stampini per cupcake.

Preriscaldate il forno a 200ºC e cuocete per 15 minuti fino a quando non saranno cotti.

TRUCCO

Potete aggiungere gocce di cioccolato all'impasto.

MELE ARROSTITE CON PORTO

INGREDIENTI

80 g di burro (in 4 pezzi)

8 cucchiai di porto

4 cucchiai di zucchero

4 mele pipin

ELABORAZIONE

Sbucciare le mele. Farcire con lo zucchero e mettere sopra il burro.

Cuocere per 30 min a 175 ºC. Trascorso questo tempo, cospargete ogni mela con 2 cucchiai di porto e infornate per altri 15 minuti.

TRUCCO

Servire caldo con una pallina di gelato alla vaniglia e irrorare con il succo che hanno rilasciato.

MERINGA COTTA

INGREDIENTI

400 g di zucchero semolato

100 g di zucchero a velo

¼ litro di albumi

gocce di succo di limone

ELABORAZIONE

Montare a bagnomaria gli albumi con il succo di limone e lo zucchero fino a quando non saranno ben montati. Togliere dal fuoco e continuare a sbattere (man mano che perde temperatura, la meringa si addenserà).

Aggiungere lo zucchero a velo e continuare a sbattere fino a quando la meringa non sarà completamente fredda.

TRUCCO

Può essere utilizzato per ricoprire torte e fare decorazioni. Non superare i 60 ºC in modo che l'albume non si rapprenda.

CREMA PASTICCIERA

INGREDIENTI

170 g di zucchero

1 litro di latte

1 cucchiaio di amido di mais

8 tuorli d'uovo

buccia di 1 limone

Cannella

ELABORAZIONE

Bollire il latte con la scorza di limone e metà dello zucchero. Coprite non appena bolle e fate riposare fuori dal fuoco.

A parte, sbattere in una ciotola i tuorli con il resto dello zucchero e l'amido di mais. Aggiungere un quarto del latte bollito e continuare a mescolare.

Aggiungere il composto di tuorli al resto del latte e cuocere, mescolando continuamente.

Al primo bollore, sbattere con una frusta per 15 secondi. Togliere dal fuoco e continuare a sbattere per altri 30 secondi. Scolate e fate riposare fredda. Spolverizzate con la cannella.

TRUCCO

Per fare la crema pasticcera aromatizzata —cioccolato, biscotti tritati, caffè, cocco grattugiato, ecc.— basta solo incorporare il sapore desiderato fuori dal fuoco e mentre è calda.

CARAMELLE VIOLA PANNA COTTA

INGREDIENTI

150 gr) Zucchero

100 g di caramelle viola

½ lt di panna

½ litro di latte

9 fogli di gelatina

ELABORAZIONE

Idratare i fogli di gelatina dall'acqua fredda.

Scaldare in una casseruola la panna, il latte, lo zucchero e i caramelli fino a quando non si sciolgono.

Una volta fuori dal fuoco, aggiungete la gelatina e mescolate fino a completa dissoluzione.

Versare negli stampini e conservare in frigorifero per almeno 5 ore.

TRUCCO

Puoi variare questa ricetta incorporando caramelle al caffè, toffee, ecc.

BISCOTTI DEGLI AGRUMI

INGREDIENTI

220 g di burro ammorbidito

170 g di farina

55 g di zucchero a velo

35 g di amido di mais

5 g di scorza d'arancia

5 g di scorza di limone

2 cucchiai di succo d'arancia

1 cucchiaio di succo di limone

1 albume d'uovo

Vaniglia

ELABORAZIONE

Mescolare molto lentamente il burro, l'albume, il succo d'arancia, il succo di limone, la scorza degli agrumi e un pizzico di essenza di vaniglia. Mescolate e aggiungete la farina e l'amido di mais setacciati.

Mettere l'impasto in una manica con bocchetta a riccio e disegnare anelli di 7 cm su carta da forno. Cuocere per 15 min a 175 ºC.

Cospargere di zucchero a velo i biscotti.

Aggiungere i chiodi di garofano macinati e lo zenzero all'impasto. Il risultato è eccellente.

PASTE MANGA

550 g di farina sfusa

400 g di burro ammorbidito

200 g di zucchero a velo

125 g di latte

2 uova

Vaniglia

Sale

ELABORAZIONE

Impastare la farina, lo zucchero, un pizzico di sale e un altro di essenza di vaniglia. Aggiungere le uova non troppo fredde una alla volta. Bagnare con il latte leggermente tiepido e aggiungere la farina setacciata.

Mettere l'impasto in una manica con bocchetta a riccio e versarne un po' su carta da forno. Infornate a 180ºC per 10 min.

TRUCCO

Potete aggiungere delle mandorle granellate all'esterno, bagnarle nel cioccolato o attaccarvi le ciliegie.

TORTA ALLO YOGURT

INGREDIENTI

375 g di farina

250 g di yogurt bianco

250 g di zucchero

1 bustina di lievito chimico

5 uova

1 piccola arancia

1 limone

125 g di olio di semi di girasole

ELABORAZIONE

Sbattere le uova e lo zucchero con il mixer per 5 min. Mescolare con gli yogurt, l'olio, la scorza e i succhi di agrumi.

Setacciare la farina e il lievito e unirli agli yogurt.

Imburrate e infarinate uno stampo. Versare l'impasto e cuocere a 165 ºC per circa 35 min.

TRUCCO

Usa gli yogurt aromatizzati per fare diversi biscotti.

COMPOSTA DI BANANA DI ROSMARINO

INGREDIENTI

30 g di burro

1 rametto di rosmarino

2 banane

ELABORAZIONE

Sbucciare e affettare le banane.

Metterli in una pentola, coprire e cuocere a fuoco molto basso insieme al burro e al rosmarino fino a quando la banana non sarà come una composta.

TRUCCO

Questa composta serve come accompagnamento sia per braciole di maiale che per un pan di spagna al cioccolato. Potete aggiungere 1 cucchiaio di zucchero durante la cottura per renderlo più dolce.

CREME BRULEE

100 g di zucchero di canna

100 g di zucchero bianco

400 cl di panna

300 cl di latte

6 tuorli d'uovo

1 baccello di vaniglia

ELABORAZIONE

Aprire il baccello di vaniglia ed estrarre i grani.

Sbattere in una ciotola il latte con lo zucchero bianco, i tuorli, la panna e i baccelli di vaniglia. Riempi gli stampini individuali con questo composto.

Preriscaldare il forno a 100°C e cuocere a bagnomaria per 90 min. Una volta freddo, spolverizzare con zucchero di canna e bruciare con un cannello (oppure preriscaldare il forno al massimo in modalità grill e cuocere fino a quando lo zucchero non brucia leggermente).

TRUCCO

Aggiungi 1 cucchiaio di cacao solubile alla panna o al latte per ottenere una deliziosa crème brûlée al cacao.

BRACCIO DI ZINGARA FARCITO CON CREMA

250 g di cioccolato

125 g di zucchero

½ lt di panna

Pan di Spagna Soletilla (vedi sezione Dolci)

Fare un pan di spagna con soletilla. Farcire con la panna montata e arrotolare su se stessa.

Portare a bollore lo zucchero in una casseruola insieme a 125 g di acqua. Unite il cioccolato, fatelo sciogliere per 3 minuti senza smettere di mescolare e ricoprite con esso il rotolo. Fate riposare prima di servire.

Per gustare un dolce ancora più completo e goloso, aggiungi alla crema piccoli pezzetti di frutta sciroppata.

FLAN ALL'UOVO

INGREDIENTI

200 g di zucchero

1 litro di latte

8 uova

ELABORAZIONE

Fate cuocere a fuoco basso e senza mescolare un caramello con lo zucchero. Quando avrà preso un colore tostato, togliete dal fuoco. Distribuire nei singoli sformati o in qualsiasi stampo.

Sbattere il latte e le uova evitando la formazione di schiuma. Se compare prima di metterlo negli stampini, rimuoverlo completamente.

Versare sopra il caramello e cuocere a bagnomaria a 165ºC per circa 45 minuti o fino a quando un ago non esce pulito.

TRUCCO

Questa stessa ricetta viene utilizzata per preparare un delizioso budino. Non vi resta che aggiungere all'impasto i croissant, i muffin, i biscotti... del giorno prima.

GELATINA DI CAVA CON FRAGOLE

INGREDIENTI

500 g di zucchero

150 g di fragole

1 bottiglia di spumante

½ confezione di fogli di gelatina

ELABORAZIONE

Scaldare la cava e lo zucchero in una pentola. Togliere dal fuoco la gelatina precedentemente idratata in acqua fredda.

Servire in calici Martini insieme alle fragole e conservare in frigorifero fino a quando non si rapprende.

TRUCCO

Può essere fatto anche con qualsiasi vino dolce e con frutti rossi.

FRITTE

150 g di farina

30 g di burro

250 ml di latte

4 uova

1 limone

ELABORAZIONE

Portare a ebollizione il latte e il burro insieme alla scorza di limone. Quando bolle, togliere la pelle e gettare la farina tutta in una volta. Spegnere il fuoco e mescolare per 30 secondi.

Rimettete sul fuoco e spostate un altro minuto fino a quando l'impasto non si attacca alle pareti del contenitore.

Versate l'impasto in una ciotola e aggiungete le uova una ad una (non aggiungete la successiva finché la precedente non sarà ben amalgamata all'impasto).

Con l'aiuto di una tasca da pasticcere o con 2 cucchiai, friggete le frittelle in piccole porzioni

TRUCCO

Può essere farcito con panna, panna, cioccolato, ecc.

COCA DI SAN GIOVANNI

INGREDIENTI

350 g di farina

100 g di burro

40 g di pinoli

250 ml di latte

1 bustina di lievito in polvere

Scorza di 1 limone

3 uova

zucchero

Sale

ELABORAZIONE

Setacciare la farina e il lievito. Mescolare e fare un vulcano. Mettere al centro la scorza, 110 g di zucchero, il burro, il latte, le uova e un pizzico di sale. Impastare bene fino a quando l'impasto non si attacca alle mani.

Stendete con un rullo fino a ottenere una forma rettangolare e sottile. Adagiatele su un piatto su carta da forno e lasciate fermentare per 30 min.

Dipingere la coca con l'uovo, cospargere i pinoli e 1 cucchiaio di zucchero. Infornare a 200 ºC per circa 25 min.

RAGÙ ALLA BOLOGNESE

INGREDIENTI

600 g di pomodoro schiacciato

500 g di carne macinata

1 bicchiere di vino rosso

3 carote

2 gambi di sedano (facoltativo)

2 spicchi d'aglio

1 cipolla

Origano

zucchero

Olio d'oliva

Sale e pepe

ELABORAZIONE

Tritare finemente la cipolla, l'aglio, i gambi di sedano e le carote. Fate rosolare e quando le verdure saranno morbide aggiungete la carne.

Condire e bagnare con il vino quando il colore rosato della carne scompare. Lasciare ridurre per 3 minuti a fuoco alto.

Aggiungere il pomodoro schiacciato e cuocere a fuoco basso per 1 ora. Alla fine, aggiustare di sale e zucchero e aggiungere origano a piacere.

Il bolognese è sempre associato alla pasta, ma con il riso pilaf è buonissimo.

BRODO BIANCO (POLLO O VITELLO)

INGREDIENTI

1 kg di ossa di manzo o pollo

1 dl di vino bianco

1 gambo di sedano

1 rametto di timo

2 chiodi di garofano

1 foglia di alloro

1 porro pulito

1 carota pulita

½ cipolla

15 grani di pepe nero

ELABORAZIONE

Metti tutti gli ingredienti in una pentola. Coprire con acqua e cuocere a fuoco medio. Quando inizia a bollire, schiumare. Cuocere per 4 ore.

Filtrare con una chinois e passare in un altro contenitore. Riservare velocemente in frigorifero.

TRUCCO

Non salare fino al momento dell'uso, poiché è più facile che si rovini. Si usa come brodo base per fare salse, zuppe, piatti di riso, stufati, ecc.

CONCASSE DI POMODORO

INGREDIENTI

1 kg di pomodori

120 g di cipolle

2 spicchi d'aglio

1 rametto di rosmarino

1 rametto di timo

zucchero

1 dl di olio d'oliva

Sale

ELABORAZIONE

Tritare le cipolle e l'aglio a pezzetti. Rosolare lentamente per 10 min in padella.

Tagliate i pomodorini e aggiungeteli nella padella insieme alle erbe aromatiche. Cuocere fino a quando i pomodori non perdono tutta la loro acqua.

Aggiustate di sale e correggete lo zucchero se necessario.

TRUCCO

Si può preparare in anticipo e conservare in frigorifero in un contenitore ermetico.

SALSA ROBERTO

INGREDIENTI

200 g di cipollotto

100 g di burro

½ l di brodo di manzo

¼ litro di vino bianco

1 cucchiaio di farina

1 cucchiaio di senape

Sale e pepe

ELABORAZIONE

Soffriggere nel burro la cipolla tagliata a pezzetti. Aggiungere la farina e cuocere lentamente per 5 min.

Alzate la fiamma, bagnate con il vino e fatelo ridurre della metà, sempre mescolando.

Aggiungere il brodo e cuocere altri 5 minuti. Una volta fuori dal fuoco, aggiungete la senape e aggiustate di sale e pepe.

TRUCCO

Ideale per accompagnare carne di maiale.

SALSA ROSA

INGREDIENTI

250 g di salsa maionese (vedi sezione Brodi e Salse)

2 cucchiai di ketchup

2 cucchiai di brandy

½ succo d'arancia

Tabasco

Sale e pepe

ELABORAZIONE

Mescolare la maionese, il ketchup, il brandy, il succo, un pizzico di tabasco, sale e pepe. Sbattere bene fino ad ottenere una salsa omogenea.

TRUCCO

Per rendere la salsa più omogenea, aggiungere ½ cucchiaio di senape e 2 cucchiai di panna liquida.

BORSA DI PESCE

500 g di lische o teste di pesce bianco

1 dl di vino bianco

1 rametto di prezzemolo

1 porro

½ cipolla piccola

5 grani di pepe

ELABORAZIONE

Mettere tutti gli ingredienti in una pentola e coprire con 1 l di acqua fredda. Far bollire a fuoco medio per 20 minuti senza smettere di schiumare.

Filtrare, passare in un altro contenitore e conservare velocemente in frigorifero.

TRUCCO

Non salare fino al momento dell'uso, poiché è più facile che si rovini. È la base di salse, piatti di riso, zuppe, ecc.

SALSA TEDESCA

INGREDIENTI

35 g di burro

35 g di farina

2 tuorli d'uovo

½ l di brodo (pesce, carne, pollame, ecc.)

Sale

ELABORAZIONE

Rosolare la farina nel burro a fuoco basso per 5 min. Aggiungere il brodo tutto in una volta e cuocere a fuoco medio per altri 15 minuti, sempre mescolando. Regolare di sale.

Togliere dal fuoco e, senza smettere di sbattere, aggiungere i tuorli.

TRUCCO

Non scaldare troppo per non far rapprendere i tuorli.

SALSA CORAGGIOSA

INGREDIENTI

750 g di pomodoro fritto

1 bicchierino di vino bianco

3 cucchiai di aceto

10 mandorle crude

10 peperoncini

5 fette di pane

3 spicchi d'aglio

1 cipolla

zucchero

Olio d'oliva

Sale

ELABORAZIONE

Rosolare l'aglio intero in una padella. Rimuovere e prenotare. Soffriggere le mandorle nello stesso olio. Rimuovere e prenotare. Friggere il pane nella stessa padella. Rimuovere e prenotare.

Soffriggere nello stesso olio la cipolla tagliata a julienne insieme ai peperoncini. Quando sarà lessato, bagnatelo con l'aceto e il bicchiere di vino. Lasciare ridurre per 3 minuti a fuoco alto.

Aggiungere il pomodoro, l'aglio, le mandorle e il pane. Cuocere per 5 min, frullare e, se necessario, regolare di sale e zucchero.

Può essere congelato in vaschette individuali per cubetti di ghiaccio e utilizzato solo quanto necessario.

BRODO FONDENTE (POLLO O MANZO)

INGREDIENTI

5 kg di ossa di manzo o pollo

500 g di pomodori

250 g di carote

250 g di porri

125 g di cipolle

½ litro di vino rosso

5 litri di acqua fredda

1 rametto di pio

3 foglie di alloro

2 rametti di timo

2 rametti di rosmarino

15 grani di pepe

ELABORAZIONE

Cuocere le ossa a 185ºC fino a quando non saranno leggermente tostate. Aggiungere le verdure pulite e tagliate a pezzi medi nella stessa teglia. Far rosolare le verdure.

Metti le ossa e le verdure in una pentola capiente. Aggiungere il vino e le erbe aromatiche e aggiungere l'acqua. Cuocere per 6 h a fuoco basso, schiumando di tanto in tanto. Scolate e fate raffreddare.

È la base di molte salse, stufati, risotti, zuppe, ecc. Una volta che il brodo è freddo, il grasso rimane solidificato sopra. Questo rende più facile rimuoverlo.

PICON MOJO

INGREDIENTI

8 cucchiai di aceto

2 cucchiaini di cumino in grani

2 cucchiaini di paprika dolce

2 teste d'aglio

3 peperoni di Caienna

30 cucchiai di olio

sale grosso

ELABORAZIONE

Pestare tutti gli ingredienti solidi, tranne la paprika, in un mortaio fino ad ottenere una pasta.

Aggiungere la paprika e continuare a frullare. Aggiungere gradualmente i liquidi fino ad ottenere una salsa omogenea ed emulsionata.

TRUCCO

Ideale per accompagnare le famose patate rugose e anche per il pesce alla griglia.

PESTO ALLA GENOVESE

INGREDIENTI

100 g di pinoli

100 g parmigiano

1 mazzetto di basilico fresco

1 spicchio d'aglio

olio d'oliva delicato

ELABORAZIONE

Frullare tutti gli ingredienti senza lasciare che sia molto omogeneo per notare la croccantezza dei pinoli.

TRUCCO

Potete sostituire i pinoli con le noci e il basilico con la rucola fresca. Originariamente è fatto con malta.

SALSA AGRODOLCE

INGREDIENTI

100 g di zucchero

100 ml di aceto

50 ml di salsa di soia

Scorza di 1 limone

Scorza di 1 arancia

ELABORAZIONE

Cuocere lo zucchero, l'aceto, la salsa di soia e la scorza di agrumi per 10 min. Lasciar raffreddare prima dell'uso.

TRUCCO

È l'accompagnamento perfetto per gli involtini primavera.

MOJITO VERDE

INGREDIENTI

8 cucchiai di aceto

2 cucchiaini di cumino in grani

4 palline di peperone verde

2 teste d'aglio

1 mazzetto di prezzemolo o coriandolo

30 cucchiai di olio

sale grosso

ELABORAZIONE

Frullare tutti i solidi fino ad ottenere una pasta.

Aggiungere gradualmente i liquidi fino ad ottenere una salsa omogenea ed emulsionata.

TRUCCO

Si conserva senza alcun problema coperto con pellicola trasparente, refrigerato in frigorifero per un paio di giorni.

SALSA DI BESAMMELLA

85 g di burro

85 g di farina

1 litro di latte

Noce moscata

Sale e pepe

ELABORAZIONE

Sciogliere il burro in una casseruola, aggiungere la farina e cuocere a fuoco basso per 10 minuti, mescolando continuamente.

Aggiungere il latte tutto in una volta e cuocere per altri 20 minuti. Continua a mescolare. Condire con sale, pepe e noce moscata.

TRUCCO

Per evitare la formazione di grumi, cuocete la farina con il burro a fuoco basso, mescolando continuamente fino a quando il composto non diventa quasi liquido.

SALSA DEL CACCIATORE

200 g di funghi

200 g di salsa di pomodoro

125 g di burro

½ l di brodo di manzo

¼ litro di vino bianco

1 cucchiaio di farina

1 cipollotto

Sale e pepe

ELABORAZIONE

Rosolare nel burro a fuoco medio per 5 min il cipollotto tritato finemente.

Unite i funghi puliti e tagliati in quattro e alzate la fiamma. Cuocere altri 5 minuti finché non perdono l'acqua. Aggiungere la farina e cuocere per altri 5 minuti, mescolando continuamente.

Bagnate con il vino e fate sfumare. Aggiungere la salsa di pomodoro e il brodo di carne. Cuocere altri 5 minuti.

TRUCCO

Conservare in frigorifero e stendere sopra una leggera pellicola di burro in modo che non si formi una crosta in superficie.

SALSA AIOLI

INGREDIENTI

6 spicchi d'aglio

Aceto

½ l di olio d'oliva leggero

Sale

ELABORAZIONE

Schiacciare l'aglio con il sale in un mortaio fino ad ottenere una pasta.

A poco a poco aggiungete l'olio, mescolando continuamente con il pestello fino ad ottenere una salsa densa. Aggiungi un goccio di aceto alla salsa.

TRUCCO

Se durante lo schiacciamento dell'aglio si aggiunge 1 tuorlo d'uovo, è più facile fare la salsa.

SALSA AMERICANA

INGREDIENTI

150 g di gamberi

250 g di carcasse e teste di gamberi e gamberi

250 g di pomodori maturi

250 g di cipolla

100 g di burro

50 g di carote

50 g di porro

½ l di brodo di pesce

1 dl di vino bianco

½ dl di brandy

1 cucchiaio di farina

1 cucchiaino raso di paprika calda

1 rametto di timo

Sale

ELABORAZIONE

Lessate le verdure, tranne i pomodori, tagliati a pezzetti nel burro. Quindi friggere la paprika e la farina.

Soffriggere i granchi e le teste del resto dei crostacei e flambé con il brandy. Riserva le code di granchio e macina le carcasse con il fumo. Filtrare 2 o 3 volte fino a quando non rimane il guscio.

Aggiungere alle verdure il fumo, il vino, i pomodori tagliati in quarti e il timo. Cuocere per 40 min, schiacciare e aggiustare di sale.

TRUCCO

Salsa perfetta per ripieni di peperoni, coda di rospo o torta di pesce.

SALSA ALL'ALBA

INGREDIENTI

45 g di burro

½ l di salsa vellutata (vedi sezione Brodi e Salse)

3 cucchiai di salsa di pomodoro

ELABORAZIONE

Lessate la salsa vellutata, aggiungete i cucchiai di pomodoro e sbattete con una frusta.

Togliere dal fuoco, aggiungere il burro e continuare a mescolare fino a quando non sarà ben amalgamato.

TRUCCO

Utilizzare questa salsa per accompagnare alcune uova ripiene.

SALSA BARBECUE

INGREDIENTI

1 lattina di Coca-Cola

1 tazza di salsa di pomodoro

1 tazza di ketchup

½ tazza di aceto

1 cucchiaino di origano

1 cucchiaino di timo

1 cucchiaino di cumino

1 spicchio d'aglio

1 pepe di Caienna tritato

½ cipolla

Olio d'oliva

Sale e pepe

ELABORAZIONE

Tagliate la cipolla e l'aglio a pezzetti e fateli soffriggere in poco olio. Quando sarà morbida aggiungete il pomodoro, il ketchup e l'aceto.

Cuocere per 3 min. Aggiungere il pepe di Caienna e le spezie. Mescolare, versare la Coca-Cola e cuocere fino a quando rimane una consistenza densa.

TRUCCO

È una salsa perfetta per le ali di pollo. Può essere congelato in vaschette individuali per cubetti di ghiaccio e utilizzato solo quanto necessario.

SALSA BERNESE

INGREDIENTI

250 g di burro chiarificato

1 dl di aceto di dragoncello

1 dl di vino bianco

3 tuorli d'uovo

1 scalogno (o ½ cipollotto piccolo)

Dragoncello

Sale e pepe

ELABORAZIONE

In un tegame fate scaldare lo scalogno tagliato a pezzetti insieme all'aceto e al vino. Lasciate ridurre fino ad ottenere circa 1 cucchiaio.

Montare i tuorli salati a bagnomaria. Aggiungere la riduzione di vino e aceto più 2 cucchiai di acqua fredda fino al raddoppio del suo volume.

Unite poco alla volta il burro fuso ai tuorli continuando a sbattere. Aggiungere un po' di dragoncello tritato e tenere a bagnomaria a non più di 50ºC.

TRUCCO

È importante mantenere questa salsa a bagnomaria a fuoco basso in modo che non si rapprenda.

SALSA CARBONARA

INGREDIENTI

200 g di pancetta

200 g di panna

150 g di parmigiano

1 cipolla media

3 tuorli d'uovo

Sale e pepe

ELABORAZIONE

Soffriggere la cipolla tagliata a cubetti. Quando sarà rosolata, aggiungete la pancetta tagliata a striscioline e lasciate sul fuoco finché non prende colore.

Quindi versare la panna, aggiustare di sale e pepe e cuocere lentamente per 20 min.

Una volta fuori dal fuoco, aggiungete il formaggio grattugiato, i tuorli e mescolate.

TRUCCO

Se vi avanza per un'altra occasione, quando sarà riscaldata, fatela a fuoco basso e non troppo a lungo in modo che l'uovo non si rapprenda.

SALSA CHARCUTERA

INGREDIENTI

200 g di cipollotto

100 g di sottaceti

100 g di burro

½ l di brodo di manzo

125 cl di vino bianco

125 cl di aceto

1 cucchiaio di senape

1 cucchiaio di farina

Sale e pepe

ELABORAZIONE

Soffriggere la cipolla tritata nel burro. Aggiungere la farina e cuocere lentamente per 5 min.

Alzate la fiamma e bagnate con il vino, l'aceto e fate ridurre della metà sempre mescolando.

Aggiungere il brodo, i sottaceti tagliati a julienne e cuocere per altri 5 minuti. Togliere dal fuoco e aggiungere la senape. Stagione.

TRUCCO

Questa salsa è ideale per le carni grasse.